DOMINA Y VENDERÁS

Vende Exitosamente

CRISTIAN ANDRES VANEGAS REY

Domina Y Venderás

Cristian Vanegas

Published by Cristian Vanegas, 2023.

DOMINA Y VENDERÁS

First edition. August 25, 2023.

ISBN: 979-8223917380

Written by Cristian Vanegas.

Also by Cristian Vanegas

Domina Y Venderás

Tabla de Contenido

Dedication

Dedico este libro a aquellos cuya pasión por el éxito y la excelencia es inquebrantable. Para visionarios y soñadores que se atreven a traspasar límites y explorar nuevos horizontes en ventas, marketing y publicidad. Quienes buscan conocimiento son incansables y entienden que la persuasión eficaz es la base de cualquier estrategia empresarial exitosa.

Este libro está dedicado a todos los emprendedores, innovadores y profesionales que se esfuerzan por dejar una huella duradera en su industria. Para aquellos que no sólo aceptan el cambio sino que lo lideran con valentía y determinación. Que estas páginas lo guían en su búsqueda continua de la excelencia y el crecimiento.

Mi devoción es también para los mentores y guías que han iluminado mi camino con su sabiduría y experiencia. A quienes me han inspirado a sumergirme en el arte de la persuasión y compartir este conocimiento con los demás. Su influencia ha sido un regalo invaluable a lo largo de mi viaje.

Finalmente, dedico este libro a mis seres queridos: a mi familia y amigos que me apoyan en cada etapa de este proceso creativo. Su paciencia, aliento y amor son mi fuente de fortaleza y motivación.

Que este libro sirva como un tributo para todos ustedes, un tributo a su incesante búsqueda de grandeza y un recordatorio de que el poder de la persuasión, cuando se utiliza con integridad y visión, puede llevarnos a alturas inimaginables.

Con gratitud y respeto,

cristian vanegas

Prólogo

En la intersección de la persuasión y el éxito empresarial hay un área en la que florecen las oportunidades y se multiplican los logros. En este mundo en constante cambio donde los límites del marketing, las ventas y la publicidad se están desdibujando, ser líder requiere un dominio que va más allá de cualquier convención. En estas páginas, lo invito a embarcarse en un viaje de profundidad y descubrimiento, donde un dominio convincente se convierte en su guía hacia una victoria incomparable.

"Domina y vende:"Vender con éxito" no es sólo un libro de texto, sino un viaje transformador a través de complejas piezas de persuasión, diseñadas para liberar su potencial y liberar su capacidad para vender con éxito. Usted en un mundo cada vez más conectado. En estas páginas desglosamos los pilares de una persuasión de ventas eficaz. , explore la psicología del consumidor en la era digital y aprenda técnicas Las técnicas probadas lo ayudarán a construir relaciones sólidas y cerrar acuerdos con confianza.

Una vez hecho esto, se embarcará en un viaje para comprender el poder de la narración y el diseño publicitario convincentes, descubriendo las maravillas de la personalización e influencia masivas a través de la realidad virtual y aumentada. También explorará cómo la inteligencia artificial está redefiniendo la toma de decisiones de ventas y marketing, y cómo puede navegar por las corrientes de persuasión ética en una era impulsada por la tecnología.

Cada capítulo de este libro lo guiará a través de estrategias, consejos prácticos y ejemplos del mundo real, pero también lo impulsará a mirar más allá, explorar nuevas áreas y aplicar metodologías de aprendizaje y mejora continua.

En una era de cambios rápidos, la persuasión competente es clave para destacarse en el panorama competitivo actual. Este libro no sólo le proporciona las herramientas que necesita para tener éxito en ventas, marketing y publicidad, sino que también le inspira a adoptar una mentalidad en constante cambio, desafiar el status quo y trazar su propio camino hacia el éxito.

Prepárese para un viaje empoderador que lo ayudará a superar los desafíos de la era moderna y le mostrará cómo un dominio convincente es la clave de su éxito en el mundo empresarial. ¡Adelante, emprendedor, es hora de dominar y vender con éxito!

Con entusiasmo,

Cristian Vanegas
Consultor en Ventas, Marketing y Publicidad

Introducción: El Poder de la Dominación Persuasiva

En la naturaleza misma del mundo de los negocios, la persuasión surge como un hilo conductor que une el éxito en ventas, marketing y publicidad. Desde el susurro cautivador de una presentación de ventas hasta el impacto resonante de una campaña publicitaria, la capacidad de persuadir y actuar se ha convertido en la piedra angular de la destreza empresarial moderna.

Los invito a explorar la profundidad de esta fascinante intersección en las páginas de Dominar y Vender:Venta exitosa. Aquí comenzamos nuestro viaje para explorar el complejo arte de la persuasión, descubriendo cómo sus principios fundamentales sustentan el éxito en ventas, marketing y publicidad.

En el primer capítulo, "La persuasión es la piedra angular del éxito en ventas, marketing y publicidad", revelaremos que la persuasión se ha convertido en el elemento vital para generar resultados en todos los aspectos de los negocios, como por ejemplo el cómo. Veremos cómo la capacidad de influir en las decisiones y acciones de los demás se ha convertido en un puente que conecta la visión con la realización, el deseo con la realidad. Al explorar la naturaleza esencial de la persuasión, profundizaremos en su importancia en los negocios y sentaremos las bases para el próximo viaje.

"La primera parte:"Fundamentos de la persuasión eficaz" examina los fundamentos del dominio de la persuasión. Desde los elementos clave de la persuasión hasta su adaptación a la era moderna, explicaremos cómo estos fundamentos se convierten en la base de estrategias efectivas. Estudiaremos la psicología del consumidor. En la era digital, examine cómo la dinámica del cambio afecta la forma en que reaccionamos con las técnicas de persuasión. Esta sección establecerá un marco sólido para ejercer una influencia persuasiva en un entorno en constante cambio.

"La segunda parte:"Dominar la habilidad de vender la persuasión" nos ayudará a descubrir cómo la persuasión se convierte en un arte en un contexto de ventas. Explicaremos la importancia de las relaciones en la era conectada y revelaremos cómo crear conexiones auténticas en el mundo digital. A medida que avanzamos, exploramos estrategias de persuasión que pueden convertir las interacciones virtuales en cierres exitosos, colocando la persuasión a la vanguardia de las ventas modernas.

Continuando "Parte III:La estrategia de marketing persuasivo del futuro", emprenderemos un liderazgo en marketing personalizado y experiencial. Exploramos cómo la inteligencia artificial permite la personalización masiva, permitiendo que cada mensaje resuene individualmente en la audiencia. y realidad virtual para crear experiencias inmersivas que capten y capten la atención de los consumidores en un mundo lleno de información.

"Parte IV:La publicidad conquista la era digital" nos lleva al mundo de la publicidad persuasiva. Veremos cómo la publicidad programática y la integración de contenido persuasivo conducen a campañas más efectivas. Exploramos cómo los algoritmos y los datos pueden convertirse en aliados en la automatización de búsquedas y persuasión, manteniendo al mismo tiempo la sofisticación y el realismo al inyectar publicidad en el contenido.

La culminación de este viaje se encuentra en la "Parte V:Impulsa tu éxito con inteligencia artificial". Aquí, explicaremos cómo la IA está cambiando la toma de decisiones en ventas y marketing. Consideraciones éticas al utilizar la tecnología en la persuasión, asegurando que la influencia persuasiva se desarrolle de manera responsable.

Mientras lee estas páginas, recuerde que este libro es más que una simple colección de teorías, estrategias y consejos. Es un mapa detallado que lo guiará a través de la evolución continua de la persuasión, desde sus fundamentos hasta sus aplicaciones más avanzadas. Cada capítulo está diseñado para ser una herramienta invaluable en su conjunto de herramientas de persuasión, brindándole el conocimiento y las ideas que necesita para sobresalir en un mundo en constante cambio y evolución.

A medida que continúa su viaje hacia el dominio persuasivo, lo invito a profundizar en cada concepto, reflexionar sobre su aplicación en su contexto y desafiar sus propias percepciones y enfoques. La persuasión no es sólo un conjunto de técnicas, sino un enfoque estratégico y reflexivo que se integra en todos los aspectos de su negocio. Al comprender la dinámica cambiante del mercado y la influencia de la tecnología, podrá desarrollar un enfoque integral y eficaz de la persuasión.

Este libro es su invitación a convertirse en un líder persuasivo en su campo. Cada capítulo es una oportunidad para perfeccionar sus conocimientos, perfeccionar sus habilidades y, lo más importante, aplicar esas lecciones para lograr resultados tangibles. La persuasión no es sólo el fin sino también el medio para lograr sus objetivos comerciales con un impacto duradero.

Con cada capítulo, obtendrá información sobre el poder del dominio persuasivo y cómo puede cambiar la forma en que interactúa con los clientes, vender productos o servicios y promocionar su marca. Entonces, emprendedor, prepárese para un viaje que lo desafía, inspira y lo prepara para tener éxito en el panorama empresarial en constante cambio.

El poder de la dominación persuasiva está a tu alcance. ¡Únase a este viaje y aprenda cómo vender con éxito en la era de la inteligencia artificial y la transformación digital!

La persuasión como base del éxito en ventas, marketing y publicidad.

Dentro del dinámico universo empresarial, la persuasión se erige indiscutiblemente como el cimiento que amalgama las distintas disciplinas y desencadena el éxito en ventas, marketing y publicidad. En este contexto, la habilidad de influir en las elecciones y actitudes de otros se erige como la divisa predominante en el competido panorama actual. Es esencial comprender cómo la persuasión arraiga como el fundamento mismo del triunfo en estas esferas cruciales y cómo su comprensión profunda puede marcar la diferencia entre el éxito rotundo y la mediocridad.

En esencia, la persuasión se manifiesta como el arte supremo de mover mentes y tocar corazones a través de una comunicación eficaz. En ventas, esta habilidad se traduce en la capacidad de convencer a los clientes de que el producto o servicio presentado es la solución idónea a sus necesidades. En marketing, se materializa en la creación de mensajes impactantes que generan auténtico interés en las audiencias. Por su parte, en la publicidad, adquiere el poder de transformar la percepción y el comportamiento del consumidor mediante campañas astutamente diseñadas.

El éxito en ventas, marketing y publicidad no es un mero resultado casual, sino una consecuencia directa de la persuasión efectiva. Una presentación de ventas convincente puede garantizar la firma de contratos lucrativos, una campaña publicitaria persuasiva puede catalizar un aumento sustancial en las ventas y un mensaje de marketing cuidadosamente elaborado puede cultivar la lealtad del cliente a largo plazo. En la base de cada uno de estos logros late la destreza de persuadir.

La era digital ha revolucionado por completo la forma en que interactuamos con los consumidores. Las redes sociales, la abundancia de información en línea y la omnipresencia de dispositivos conectados han transformado la manera en que percibimos y respondemos a la persuasión. En este nuevo paradigma, la persuasión ha debido evolucionar, tornándose más sutil, personalizada y auténtica que nunca. La capacidad de adaptarse a estas nuevas coordenadas se ha vuelto esencial para mantener la relevancia en un mundo en constante evolución.

La eficacia de la publicidad en la actualidad es un tema sometido a un examen continuo para determinar su capacidad de cautivar a los consumidores. Se ha constatado que el control y optimización de los factores clave de éxito en el ámbito del marketing son herramientas cruciales para el florecimiento de las empresas de servicios en sectores como seguridad, vigilancia y protección (Quezada-Ureña et al., 2018).

El consumidor realiza una selección meticulosa de la publicidad que captura su atención, reteniendo con precisión las tres publicidades que más lo impactaron. La conducta de compra está intrínsecamente vinculada con factores primordiales en la vida del individuo y su entorno social. La definición de objetivos publicitarios cobra una relevancia capital para evaluar la efectividad publicitaria, con métricas medibles que abarcan desde ventas hasta comportamientos y efectos comunicativos (Quezada-Ureña et al., 2018). En última instancia, queda claro que la persuasión efectiva es el motor que impulsa el logro en estas esferas empresariales críticas, y su comprensión y aplicación adecuadas son cruciales para el éxito continuo de las empresas en un mundo en constante cambio.

En una era donde la tecnología desempeña un papel preponderante, la publicidad ha trascendido sus límites tradicionales al adentrarse en el entorno cibernético. Resulta destacable que aquellas campañas publicitarias que logran generar mayor aceptación entre el público presentan probabilidades más elevadas de conversión, estableciéndose así una sólida correlación entre las preferencias del público y sus decisiones de compra, como lo señala la investigación de (Quezada-Ureña y colaboradores en 2018).

En este nuevo panorama digital, el discernimiento de los factores que propician el éxito en el ámbito del marketing, la elección de anuncios que cautiven al consumidor y la definición precisa de los objetivos publicitarios se perfilan como elementos ineludibles para alcanzar el éxito empresarial, tal como lo destaca el mismo estudio de (Quezada-Ureña et al. en 2018).

En la intersección entre la psicología y la publicidad, se dirige la atención hacia los procesos psicológicos de percepción y memoria en relación con la eficacia de los jingles publicitarios, tal como resalta (Porras Velásquez en 2017). En este contexto, la música, como vehículo de comunicación emocional, asume un papel esencial en la construcción de una conexión profunda entre la marca y los consumidores, según la misma fuente.

La elección adecuada de la música para transmitir el mensaje deseado se revela como un componente esencial para influir en la percepción y memoria de los consumidores, como también sostiene (Porras Velásquez en 2017). En esta línea, surge la noción de audiobranding como una estrategia perspicaz, permitiendo a las empresas forjar lazos emocionales con sus grupos de interés mediante la implementación estratégica del sonido.

El vínculo intrínseco entre la música y la marca se torna innegable, como lo evidencia el estudio "Sounds like Branding", que revela que un abrumador 97% de las empresas perciben la música como una herramienta fortalecedora de su identidad. No obstante, es preocupante constatar que solamente el 40% ha explorado activamente cómo debería sonar su marca y apenas un 20% posee un logotipo sonoro, según los hallazgos de (Porras Velásquez en 2017). Es notorio que, pese a esta creencia generalizada, el 70% de las empresas destina menos del 5% de su presupuesto de marketing a la música, resaltando la discrepancia entre la percepción y la inversión real en este ámbito.

Los jingles publicitarios, composiciones melódicas diseñadas específicamente para anuncios, emergen como una estrategia efectiva debido a su memorabilidad musical y facilidad de recordación, tejendo así vínculos emocionales entre el espectador y la marca promocionada, según (Porras Velásquez en 2017).

El poder persuasivo de la música en la publicidad, especialmente a través de los jingles, radica en su capacidad única para resonar con las emociones y recuerdos de los consumidores. Los procesos psicológicos de percepción y memoria se entrelazan con las notas musicales, generando una experiencia sensorial que perdura en la mente del público mucho después de que el anuncio haya concluido, como lo subraya (Porras Velásquez en 2017).

La elección de la música adecuada para transmitir el mensaje deseado se convierte en una decisión estratégica fundamental. La música tiene el poder de evocar emociones específicas, lo que puede influir significativamente en cómo se percibe el anuncio y en cómo se relaciona la audiencia con la marca. Además, la sincronización entre la música y las imágenes visuales del anuncio puede aumentar la efectividad persuasiva, creando una experiencia audiovisual cohesiva y memorable, según las reflexiones de (Porras Velásquez en 2017).

La noción de audiobranding se destaca como una tendencia en ascenso en la publicidad contemporánea. Al igual que un logotipo visual, un logotipo sonoro busca representar la identidad de la marca a través del sonido. Esta estrategia se basa en la premisa de que la asociación de un sonido específico con la marca puede generar un mayor reconocimiento y una conexión emocional más profunda con los consumidores, lo que, a su vez, puede influir en la decisión de compra al evocar recuerdos y emociones positivas asociadas con la marca, como sugiere (Porras Velásquez en 2017).

El estudio "Sounds like Branding" resalta la importancia de esta estrategia al mostrar que la mayoría de las empresas reconocen el poder de la música en la construcción de la marca, pero muchas no han dado pasos concretos para desarrollar un logotipo sonoro o integrar la música de manera coherente en su estrategia de marketing. Este hecho presenta un claro espacio de oportunidad para las empresas que buscan diferenciarse y construir una identidad sólida en un entorno publicitario saturado, según las conclusiones de (Porras Velásquez en 2017). En resumen, la música no solo es un componente sonoro en la publicidad contemporánea, sino una herramienta poderosa para crear conexiones emocionales duraderas entre las marcas y sus audiencias.

En el contexto actual del marketing, la persuasión sensorial emerge como un enfoque poderoso y eficaz para influir en las emociones y conductas de los consumidores. La aplicación de técnicas sensoriales, que incluyen el uso de música, aromas, sabores, tacto y experiencias emocionales, ha ganado prominencia como una manera de crear vivencias memorables y profundamente vinculadas con la marca, como apunta (López-Rúa en su estudio de 2015).

Un aspecto fundamental del marketing sensorial es la comprensión de que el consumidor se involucra a niveles emocionales, físicos e intelectuales. Esto implica ir más allá de las estrategias convencionales y apelar a los sentidos para establecer conexiones significativas con los clientes, como subraya (López-Rúa en 2015). De esta forma, la comunicación persuasiva se enriquece al incorporar los cinco sentidos, lo que amplifica la resonancia de los mensajes publicitarios y crea una experiencia más rica y memorable para el consumidor, como destaca (López-Rúa en 2015).

La música, como componente esencial de la persuasión sensorial, ha sido objeto de investigaciones exhaustivas. Diversos estudios han demostrado que la música influye en el comportamiento del consumidor. Por ejemplo, se ha constatado que la música lenta y suave puede prolongar el tiempo de permanencia en una tienda y aumentar el gasto del consumidor, mientras que la música rápida y enérgica puede fomentar una mayor velocidad de consumo en establecimientos de comida, como señala (López-Rúa en 2015).

El empleo de fragancias, olores y sabores también ha demostrado tener un impacto significativo en la percepción de los productos y en el estado de ánimo de los consumidores. La asociación entre un aroma particular y una marca puede influir en la decisión de compra y generar conexiones emocionales con los productos, según argumenta (López-Rúa en 2015).

La Fusión de la Tecnología y la Persuasión Sensorial

En nuestro camino hacia el futuro, la tecnología jugará un papel fundamental en la evolución de la percepción sensorial. Innovaciones como la integración de iluminación tecnológica en las superficies de las tiendas, capaz de rastrear y proporcionar información a los consumidores, son ejemplos claros de cómo la tecnología puede mejorar la experiencia de compra y la interacción con las marcas, tal como lo señala (López-Rúa en 2015).

Un punto relevante a considerar es cómo la persuasión sensorial se enriquece mediante la utilización de tecnologías de medición. Técnicas como EEG, MEG, FMRI, Eye Tracking, Monitoreo de Ritmo Cardiaco y Medición de Respuesta Galvánica permiten analizar las respuestas fisiológicas y cerebrales de los consumidores ante estímulos publicitarios, como lo enfatizan las investigaciones de (Vásquez y Rueda en 2019). Estas tecnologías brindan una ventana al impacto real de las estrategias sensoriales en los cerebros y comportamientos de los consumidores, ofreciendo percepciones invaluables para refinar las estrategias persuasivas, tal como lo explican (Vásquez y Rueda en 2019).

El Futuro de la Persuasión: Más Allá de lo Visual

El horizonte de la persuasión se configura a través de un prisma sensorial. La publicidad y el marketing deben trascender la percepción visual para abarcar un espectro completo de experiencias sensoriales. En este sentido, Martin Lindstrom, un experto en branding, propone que el futuro de la publicidad se concentrará en los estímulos sensoriales y en el subconsciente del consumidor, en sintonía con la perspectiva de (López-Rúa en 2015). Este enfoque holístico se alinea con la creciente comprensión de que la persuasión efectiva se extiende más allá de lo superficial para adentrarse en las emociones y percepciones subyacentes de los individuos.

La persuasión, como base del éxito en ventas, marketing y publicidad, encuentra su expresión en el cruce entre una comunicación eficiente y una conexión emocional con la audiencia. A medida que evoluciona en la era digital, la persuasión adquiere nuevas dimensiones y desafíos. La implementación estratégica de la música y las técnicas sensoriales amplía el repertorio persuasivo, creando experiencias memorables y fortaleciendo la identidad de la marca. La tecnología y la investigación neuromarketing proporcionan una comprensión profunda de las respuestas de los consumidores, lo que permite una optimización continua de las estrategias persuasivas. El futuro de la persuasión se vislumbra como un panorama multisensorial y emocional, donde la auténtica conexión con el consumidor se convierte en la fuerza motriz detrás del éxito en un mercado en constante evolución.

En el mundo sumamente competitivo de los negocios, el arte de la persuasión se erige como un pilar fundamental para lograr el éxito en ventas, marketing y publicidad. La persuasión, en su esencia, implica la habilidad de influir en las decisiones y acciones de los consumidores, llevándolos a adoptar una perspectiva particular, considerar una oferta y, en última instancia, tomar una decisión de compra. En este capítulo, exploramos cómo la persuasión actúa como un catalizador para impulsar resultados en estos tres ámbitos interconectados, respaldando nuestras afirmaciones con investigaciones y ejemplos concretos.

La Psicología de la Persuasión

La efectividad de la persuasión en ventas, marketing y publicidad se basa en una comprensión profunda de la psicología humana. Como señaló (Cialdini, 1984), un renombrado psicólogo y experto en persuasión, las personas se ven influenciadas por un conjunto de principios psicológicos fundamentales que pueden ser aprovechados de manera efectiva en estrategias persuasivas. El principio de reciprocidad sugiere que las personas tienden a responder positivamente cuando se les ofrece algo de valor, subrayando la importancia de brindar contenido valioso en marketing y ventas (Cialdini, 2009).

Persuasión en Ventas

En el ámbito de las ventas, la persuasión desempeña un papel fundamental en cada etapa del proceso. Desde el primer contacto hasta el cierre de la venta, los vendedores hábiles emplean técnicas persuasivas respaldadas por investigaciones. Un estudio realizado por Lee et al. (Gutiérrez-Puertas et al., 2020) reveló que la empatía es un factor determinante en la persuasión de los clientes. Los vendedores exitosos no solo comprenden las necesidades del cliente, sino que también establecen conexiones emocionales, generando confianza y aumentando la probabilidad de conversión.

Persuasión en Marketing

En el ámbito del marketing, la persuasión se manifiesta en estrategias que influyen en la percepción del consumidor sobre un producto o servicio. La teoría de la autopercepción, propuesta por (Bem, 1972), sostiene que los consumidores tienden a inferir sus actitudes basadas en comportamientos observados. En consecuencia, las campañas de marketing exitosas presentan situaciones en las que los consumidores utilizan un producto de manera positiva, influyendo en sus actitudes hacia el producto (Bem, 1972).

Persuasión en Publicidad

La publicidad, como forma de comunicación persuasiva, busca captar la atención de la audiencia y persuadirla a través de diversos medios. El uso de la narrativa en la publicidad ha demostrado ser efectivo en la construcción de conexiones emocionales. Según (Berger y Milkman, 2012), las historias desencadenan una respuesta neural que facilita la comprensión y la empatía. Las marcas exitosas utilizan narrativas que resuenan con las experiencias de sus consumidores, fortaleciendo la identificación y la persuasión.

La publicidad, como forma de comunicación persuasiva, busca captar la atención de la audiencia y persuadirla a través de diversos medios. El uso de la narrativa en la publicidad ha demostrado ser efectivo en la construcción de conexiones emocionales. Según (Berger y Milkman, 2012), las historias desencadenan una respuesta neural que facilita la comprensión y la empatía. Las marcas exitosas utilizan narrativas que resuenan con las experiencias de sus consumidores, fortaleciendo la identificación y la persuasión.

En esta dinámica, la persuasión sensorial ha cobrado un protagonismo creciente. Las marcas comprenden que la experiencia del consumidor se enriquece cuando se estimulan múltiples sentidos. La incorporación de elementos sensoriales, como la música, los aromas y las texturas, agrega capas de conexión emocional que refuerzan la percepción de la marca. La música, por ejemplo, tiene el poder de evocar emociones profundas y establecer un tono emocional en los anuncios. Los aromas pueden transportar a los consumidores a lugares específicos o desencadenar recuerdos, generando una asociación duradera con el producto. Así, la persuasión sensorial se convierte en una herramienta esencial para crear experiencias memorables y auténticas.

Además, la evolución tecnológica se entrelaza con la persuasión sensorial. Innovaciones como la realidad virtual y la realidad aumentada abren nuevas fronteras para la inmersión del consumidor. Estas tecnologías permiten a las marcas crear entornos virtuales en los que los consumidores pueden interactuar con productos de manera innovadora y cautivadora. Estas experiencias sensoriales enriquecidas no solo aumentan la participación del consumidor, sino que también generan un impacto emocional más profundo y duradero.

La persuasión sensorial en la era digital y tecnológica redefine cómo las marcas se conectan con sus audiencias. A través de la integración de tecnologías avanzadas y técnicas sensoriales en sus estrategias, las marcas pueden crear experiencias únicas y auténticas que resonarán con los consumidores a niveles emocionales y subconscientes. La persuasión efectiva ya no se limita a las palabras y las imágenes, sino que se extiende a un mundo multisensorial en el que cada aspecto contribuye a la construcción de una identidad de marca sólida y a la generación de lealtad duradera en un mercado en constante cambio.

En este contexto, se hace evidente que la relación entre la tecnología y la persuasión sensorial es una fusión que potencia la efectividad de las estrategias de marketing y publicidad. La integración de elementos tecnológicos en la experiencia sensorial del consumidor amplía las posibilidades de conexión y resonancia. La iluminación inteligente en tiendas, por ejemplo, no solo guía a los consumidores en su recorrido, sino que también puede crear ambientes específicos que se alinean con la identidad de la marca y el estado de ánimo que se desea transmitir. Esta combinación de estímulos sensoriales y tecnología ofrece una experiencia enriquecedora que no solo atrae a los consumidores, sino que también establece una relación más profunda y duradera.

Por otro lado, el uso de tecnologías de medición en la persuasión sensorial representa un paso hacia adelante en la comprensión de cómo los consumidores responden a estímulos específicos. El EEG, el MEG, el FMRI y otras técnicas permiten una observación más directa y precisa de las reacciones fisiológicas y cerebrales ante los estímulos persuasivos. Esto proporciona una visión valiosa sobre qué elementos sensoriales tienen un impacto más significativo en términos de emociones y comportamientos del consumidor. Estos datos pueden informar de manera precisa y estratégica la creación y adaptación de campañas persuasivas, permitiendo una personalización más efectiva y dirigida.

A medida que nos adentramos en el futuro, se hace imperativo reconocer que la persuasión efectiva en ventas, marketing y publicidad evolucionará más allá de lo visual. Las marcas deberán abrazar la diversidad sensorial y emocional para capturar la atención y el corazón de sus audiencias. El impacto duradero de una experiencia sensorial memorable se convierte en un activo invaluable en un entorno saturado de información y mensajes publicitarios. La tecnología, en su alianza con la persuasión sensorial, impulsa la creatividad y la innovación, abriendo nuevas vías para cautivar y conectar con los consumidores de manera más profunda y auténtica.

En última instancia, la fusión de la tecnología y la persuasión sensorial no solo remodela el paisaje del marketing y la publicidad, sino que redefine la forma en que las marcas se relacionan con su público. En un mundo donde la atención es un recurso precioso, la capacidad de crear experiencias sensoriales inmersivas y convincentes se convierte en un diferenciador crucial. La tecnología actúa como un catalizador, llevando la persuasión más allá de los límites convencionales y desencadenando un nuevo nivel de compromiso emocional. En este viaje hacia el futuro, la persuasión sensorial respaldada por la tecnología se erige como un camino poderoso para la excelencia en la interacción entre las marcas y los consumidores, marcando un nuevo paradigma en la era del marketing y la comunicación.

Ética y Responsabilidad en la Persuasión

La persuasión, aunque un recurso poderoso, conlleva una carga ética y una responsabilidad significativa. Aquellos que trabajan en ventas, marketing y publicidad deben estar conscientes de los límites morales al emplear tácticas persuasivas. La confianza del consumidor es frágil y puede erosionarse rápidamente si percibe manipulación. Por ello, es esencial que las estrategias persuasivas se cimientan en información precisa y se comuniquen de manera transparente.

La Potencia de la Segmentación

La segmentación del mercado se erige como una herramienta estratégica que utiliza la persuasión con eficacia. Al comprender que diferentes grupos de consumidores poseen necesidades y deseos únicos, los especialistas en mercadotecnia pueden adaptar sus mensajes y tácticas para conectar con cada segmento. Según (Muhammad et al., 2016), la segmentación permite a las empresas dirigir sus esfuerzos con precisión, mejorando la relevancia y aumentando la probabilidad de persuasión.

Innovación en la Persuasión Tecnológica

Con la llegada de la tecnología, la persuasión ha hallado nuevas formas de expresión a través de plataformas digitales y dispositivos móviles. Las estrategias de gamificación, por ejemplo, han demostrado ser altamente persuasivas al aprovechar la motivación intrínseca de los individuos para lograr objetivos (Hamari et al., 2014). Al incorporar elementos de juego en aplicaciones y experiencias de usuario, las empresas pueden mantener la atención y estimular la participación.

El Ciclo de Retroalimentación

Una característica esencial del éxito en ventas, marketing y publicidad es el ciclo continuo de retroalimentación. La persuasión no culmina con la conversión; más bien, implica cultivar relaciones a largo plazo. La retroalimentación de los clientes proporciona información valiosa que permite ajustar y mejorar las estrategias persuasivas. Como lo destaca Oliver (Oliver, 2014), la satisfacción del cliente es un indicador clave de la lealtad y el boca a boca, subrayando la importancia de mantener un diálogo abierto y receptivo con los consumidores.

La Persuasión en la Era Digital

En el panorama actual, la era digital ha transformado la implementación de las estrategias persuasivas. Las redes sociales, la publicidad en línea y el contenido generado por los usuarios han redefinido la amplitud y velocidad con la que los mensajes persuasivos llegan a los consumidores. No obstante, la saturación informativa también plantea desafíos. Las marcas deben ser creativas y auténticas para destacar en medio del ruido digital y mantener su poder persuasivo (Hofacker & Town, 2023).

La Evolución de la Experiencia del Cliente

La persuasión ha evolucionado para centrarse en la creación y mejora de la experiencia del cliente. Los expertos en ventas, marketing y publicidad comprenden que cada punto de contacto con el cliente tiene el potencial de influir en su percepción y decisión. (Pine & Gilmore, 1998) introdujeron el concepto de la "economía de la experiencia", donde la propuesta de valor abarca más allá del producto o servicio tangible para incluir aspectos emocionales, estéticos y de entretenimiento. Esta perspectiva ha dado lugar a un enfoque más holístico y orientado al cliente en la persuasión.

La Personalización como Herramienta Persuasiva

En la era de la información, la personalización se ha convertido en una herramienta poderosa de persuasión. A través del análisis de datos y la segmentación avanzada, las empresas pueden entregar mensajes y ofertas específicas para cada cliente individual. Según (Odoom, 2022), la personalización aumenta la relevancia percibida por el cliente y mejora la persuasión al demostrar un genuino entendimiento de sus necesidades y preferencias.

La Influencia de las Opiniones y Comentarios

En el entorno digital actual, las opiniones y comentarios de otros consumidores desempeñan un papel destacado en la persuasión. La psicología de la prueba social (Cialdini, 2009) resalta que las personas tienden a tomar decisiones basadas en las acciones de los demás. Los expertos en marketing han capitalizado esta tendencia al mostrar reseñas y testimonios de clientes satisfechos, reforzando la confianza del potencial comprador.

Persuasión y Responsabilidad Social

La persuasión no se limita a impulsar ventas, sino que también tiene el poder de promover valores y responsabilidad social. Las empresas exitosas están adoptando enfoques persuasivos que resuenan con la conciencia social y ambiental de los consumidores. Estudios como el de (Sen & Bhattacharya, 2001) demuestran que la responsabilidad social corporativa puede influir positivamente en la percepción del consumidor y, en última instancia, en la decisión de compra.

La Persuasión en la Era de la Autenticidad

En la actualidad, la autenticidad se ha vuelto crucial en el ámbito de la persuasión. Los consumidores cuentan con herramientas para investigar y discernir la veracidad de los mensajes. Los expertos en ventas, marketing y publicidad deben construir narrativas genuinas y coherentes que se conecten con los valores del consumidor. La teoría de la autenticidad de (Gilmore & Pine, 2022) sostiene que las experiencias auténticas generan conexiones emocionales más sólidas, lo que amplifica el impacto persuasivo.

La Transformación Digital y la Persuasión

La transformación digital ha redefinido la manera en que se aplica la persuasión en ventas, marketing y publicidad. La disponibilidad de datos masivos y herramientas de análisis avanzadas ha permitido una comprensión más profunda del comportamiento del consumidor. Los expertos pueden rastrear la interacción en línea, identificar patrones y adaptar estrategias en tiempo real para aumentar la persuasión. Sin embargo, esta capacidad también plantea desafíos éticos, como la privacidad del consumidor y la manipulación de datos (Montagna & Leskovec, 2020).

El Poder del Storytelling Persuasivo

El storytelling ha emergido como una herramienta poderosa para la persuasión en ventas, marketing y publicidad. Los seres humanos están intrínsecamente conectados con las narrativas, y las historias bien construidas pueden generar una respuesta emocional profunda. Las investigaciones de (Escalas & Bettman, 2003) destacan cómo el storytelling activa áreas del cerebro relacionadas con la toma de decisiones, lo que aumenta la persuasión al involucrar tanto la mente racional como la emocional.

La Ética en la Persuasión

A medida que avanzamos en un mundo impulsado por la innovación y la tecnología, es esencial recordar que la persuasión debe siempre ser llevada a cabo de manera ética y responsable. Los profesionales de ventas, marketing y publicidad tienen la responsabilidad de salvaguardar la integridad y la confianza del público. Las tácticas persuasivas deben estar respaldadas por información precisa y comunicarse de manera transparente. La ética en la persuasión no solo protege a los consumidores, sino que también fortalece la reputación y la longevidad de las marcas y las empresas en un entorno altamente competitivo.

En última instancia, la persuasión es una herramienta poderosa y versátil que puede influir en decisiones y comportamientos. Sin embargo, su verdadero impacto radica en cómo se aplica y se integra en un contexto ético y responsable. Los profesionales de ventas, marketing y publicidad tienen la responsabilidad de utilizar la persuasión de manera consciente y estratégica, teniendo en cuenta la evolución de la tecnología y las necesidades cambiantes de los consumidores.

La Transformación Ética en la Persuasión

En el proceso de evolución de las estrategias persuasivas, la ética juega un papel cada vez más relevante. La persuasión no debe ser vista como un medio para lograr objetivos a cualquier costo, sino como una herramienta que debe usarse con responsabilidad y respeto por el público. La adopción de prácticas éticas en ventas, marketing y publicidad se ha vuelto esencial para construir relaciones duraderas y fomentar la confianza.

La Importancia del Consentimiento y la Privacidad

En la era digital, la privacidad y el consentimiento se han convertido en cuestiones fundamentales en la persuasión. El uso de datos personales para personalizar mensajes y anuncios requiere una transparencia total y el consentimiento informado del usuario. La regulación de la privacidad, como el Reglamento General de Protección de Datos (GDPR) en Europa, subraya la importancia de respetar los derechos de privacidad de los consumidores (Hernández-Ortega et al., 2019).

Evaluación de Impacto y Responsabilidad

La evaluación de impacto en las estrategias persuasivas es una parte esencial de la responsabilidad en ventas, marketing y publicidad. Los profesionales deben considerar el impacto potencial de sus mensajes en los consumidores y la sociedad en general. Establecer métricas para medir la efectividad persuasiva y su alineación con los objetivos éticos es crucial para garantizar que las estrategias sean efectivas sin infringir en valores fundamentales (Hernández-Ortega et al., 2019).

El Futuro de la Persuasión Ética

A medida que avanzamos hacia un futuro tecnológico y digital, la ética en la persuasión tomará un papel central. Los avances en inteligencia artificial, análisis de datos y automatización presentan oportunidades y desafíos éticos en la forma en que se aplican las técnicas persuasivas. Los profesionales deben adoptar un enfoque de "ética por diseño", asegurándose de que las estrategias persuasivas respeten los principios éticos desde su concepción (Hernández-Ortega et al., 2019).

La Fusión de la Neurociencia y la Persuasión Efectiva

En el ámbito de la persuasión, la neurociencia ha emergido como una fuente invaluable de conocimiento sobre los mecanismos subyacentes. Estudios que utilizan la resonancia magnética funcional (fMRI) han iluminado áreas específicas del cerebro que se activan en respuesta a estímulos persuasivos, como la sensación de placer y la anticipación de recompensas (Falk et al., 2010). A medida que desentrañamos cómo el cerebro procesa la información persuasiva, se abre la puerta a estrategias más precisas y efectivas que evocan respuestas positivas y aumentan la probabilidad de conversión.

Persuasión en un Mundo Multicanal y Conectado

La era moderna ha visto una proliferación de canales de comunicación, lo que ha ampliado exponencialmente las oportunidades para la persuasión. Sin embargo, este entorno también ha llevado a una mayor complejidad en la creación de mensajes persuasivos. En la interacción actual, los consumidores se conectan con las marcas a través de una variedad de plataformas y dispositivos. En este contexto, la teoría de la consistencia del mensaje (O'Keefe, 2008) emerge como un faro de orientación. Esta teoría enfatiza la necesidad crucial de mantener una narrativa persuasiva coherente y uniforme en todos los puntos de contacto. La construcción de una imagen sólida en la mente del consumidor requiere una sincronización estratégica que abarque todas las plataformas y canales.

El Horizonte de la Persuasión en la Era de la Inteligencia Artificial

La inteligencia artificial (IA) está irrumpiendo en el panorama de ventas, marketing y publicidad con impacto revolucionario. Su potencial para analizar y procesar volúmenes masivos de datos es inigualable, permitiéndole prever comportamientos del consumidor y automatizar procesos de persuasión altamente personalizados. No obstante, este avance también plantea cuestiones éticas trascendentales. La implementación de la IA conlleva la necesidad de abordar la autenticidad y la seguridad de los datos del consumidor (Ransbotham et al., 2020). El reto reside en encontrar un delicado equilibrio entre la eficiencia persuasiva que la IA puede brindar y la autenticidad esencial para establecer una conexión genuina con el consumidor.

La sinergia entre la neurociencia y la persuasión, la coherencia en un mundo multicanal y la revolución de la inteligencia artificial están dando forma al futuro de las estrategias persuasivas. Los profesionales en ventas, marketing y publicidad deben navegar este entorno dinámico con una comprensión profunda y un sentido agudo de la ética. A medida que avanzamos, la clave para una persuasión efectiva será la capacidad de fusionar la ciencia, la creatividad y la ética en un tapiz cohesivo que refleje tanto los objetivos comerciales como las necesidades auténticas del consumidor.

La persuasión efectiva se basa en la habilidad de influir en las decisiones y acciones de los consumidores de manera respetuosa, auténtica y ética. Los profesionales en ventas, marketing y publicidad tienen la responsabilidad de equilibrar el poder de la persuasión con la integridad y la transparencia. A medida que el panorama de la persuasión evoluciona con avances tecnológicos y cambios socioculturales, la ética en la persuasión debe permanecer como el faro que guía las estrategias hacia resultados positivos y relaciones duraderas con los consumidores. En última instancia, es la coexistencia armoniosa de la persuasión efectiva y la ética lo que construirá un futuro sostenible y exitoso para las marcas y los consumidores por igual.

Cómo las tendencias actuales están redefiniendo la dominación persuasiva.

En el panorama empresarial en constante evolución de la actualidad, el capítulo titulado "Cómo las Tendencias Actuales están Redefiniendo la Dominación Persuasiva" profundiza en la interacción dinámica entre la experiencia en escritura, marketing, ventas y publicidad. Este capítulo aclara cómo estas disciplinas se sinergizan para dar forma a métodos de persuasión innovadores, demostrando su adaptabilidad a las cambiantes demandas del consumidor moderno. A través de una exploración detallada de estas tendencias y su impacto cohesionado, resulta evidente que la amalgama de estos campos ha dado origen a estrategias pioneras que demuestran ser sumamente eficaces.

En una era donde la saturación de información y la metamorfosis tecnológica son predominantes, es imperativo que escritores hábiles, estrategas de marketing, profesionales de ventas y publicistas se unan para establecer una conexión perdurable con sus audiencias objetivo. Un estudio integral realizado por McKinsey & Company resalta el inmenso potencial de esta colaboración, revelando que puede aumentar la efectividad de las campañas en un notable 10-25%. Alejándose de enfoques aislados, se observa un cambio discernible hacia la creación de estrategias interconectadas que aprovechan las fortalezas individuales de cada dominio.

La era digital ha desencadenado un cambio de paradigma en cómo las marcas interactúan con los consumidores. Datos estadísticos de We Are Social y Hootsuite iluminan que más de la mitad de la población mundial está ahora en línea, lo que presenta a los expertos en marketing y publicidad con un alcance sin igual. Aprovechando la destreza de las redes sociales, el contenido personalizado y la segmentación precisa del público, las marcas pueden entregar mensajes que resuenen profundamente con grupos de consumidores específicos. Esta transformación ha redefinido la forma en que se logra la persuasión, ya que los consumidores ahora esperan un grado de personalización que se alinee con sus requisitos únicos.

Además, el ascenso de la inteligencia artificial (IA) y el análisis de datos ha emergido como un pilar en esta redefinición de las dinámicas persuasivas. Los sistemas de IA desmenuzan hábilmente los patrones de comportamiento del consumidor en línea, anticipando de manera preactiva tendencias y preferencias. Harvard Business Review amplía sobre este fenómeno, revelando cómo los expertos en ventas pueden adaptar sus enfoques y proponer soluciones antes de que un cliente potencial siquiera reconozca plenamente su propia necesidad. Esta astuta anticipación no solo aumenta las probabilidades de conversión, sino que también fortalece la relación entre la marca y el consumidor al mostrar una comprensión profunda.

La sinergia entre marketing, ventas y publicidad también ha dado origen a la integración de la gamificación en las estrategias persuasivas. Al incorporar elementos propios de los juegos en la experiencia del consumidor, se genera un mayor compromiso y entusiasmo. Según informa Forbes, esta técnica puede aumentar las tasas de retención de información en un asombroso 90%. Al utilizar recompensas, desafíos y competencia amigable, las marcas aprovechan la psicología humana para establecer conexiones emocionales más sólidas y, en última instancia, influir en las decisiones de compra.

En la era contemporánea, las tendencias actuales están desempeñando un papel crucial en la redefinición de la dominación persuasiva. La manera en que las personas se persuaden y son persuadidas está siendo moldeada por una combinación de factores, que van desde avances tecnológicos hasta cambios en las dinámicas sociales y culturales. Estas tendencias están transformando el panorama de la persuasión de maneras que merecen una consideración detenida.

En primer lugar, el auge de las plataformas de medios sociales ha dado lugar a una nueva dimensión de la dominación persuasiva. Las redes sociales no solo han proporcionado a las personas una plataforma para expresar sus opiniones, sino que también han permitido la difusión masiva de información y puntos de vista. Los algoritmos sofisticados utilizados por estas plataformas presentan contenido de manera selectiva, lo que crea burbujas de información y facilita la exposición a opiniones afines. Esto, a su vez, refuerza las creencias existentes y dificulta la exposición a perspectivas divergentes. Por lo tanto, la dominación persuasiva se ha transformado en la era de las redes sociales, ya que las personas son persuadidas en gran medida dentro de sus propias cámaras de eco virtual.

Además, el auge del comercio electrónico ha redefinido la persuasión en el ámbito del consumo. Con la expansión del comercio en línea, las empresas han recurrido a técnicas más personalizadas y dirigidas para influir en las decisiones de compra de los consumidores. Los algoritmos de recomendación analizan el comportamiento pasado de compra y navegación, lo que permite a las empresas presentar productos y servicios de manera altamente persuasiva. La personalización extrema puede resultar en una persuasión tan sutil que los consumidores pueden no ser conscientes de cuánto están siendo influenciados por las estrategias de marketing digital.

No obstante, es importante considerar los aspectos éticos de esta nueva era de dominación persuasiva. La manipulación sutil de las creencias y decisiones de las personas plantea preguntas sobre la autonomía y la libertad de elección. Las prácticas persuasivas que explotan los sesgos cognitivos y emocionales pueden cruzar la línea entre la persuasión legítima y la manipulación engañosa. La sociedad debe examinar críticamente estas prácticas y establecer límites para garantizar que la persuasión no infrinja en la integridad de la toma de decisiones individuales.

Indudablemente, las tendencias actuales están redefiniendo de manera significativa la dominación persuasiva al incorporar elementos como las redes sociales y el comercio electrónico. Estos elementos han introducido nuevas dimensiones y enfoques en cómo se lleva a cabo la persuasión, lo que tiene un impacto profundo en la sociedad y en cómo las personas toman decisiones.

En primer lugar, las redes sociales han emergido como una plataforma poderosa para ejercer influencia y persuasión. La capacidad de conectar a millones de personas en tiempo real y la viralidad de la información han alterado fundamentalmente la forma en que las ideas y opiniones se difunden. Las redes sociales no solo proporcionan un espacio para que los individuos compartan sus puntos de vista y perspectivas, sino que también facilitan la creación de comunidades en línea basadas en intereses y creencias compartidas. Esto ha dado lugar a la formación de cámaras de eco digitales, donde las personas están expuestas principalmente a información y opiniones que refuerzan sus creencias existentes. Como resultado, la persuasión en las redes sociales a menudo se basa en reforzar las convicciones preexistentes en lugar de fomentar un diálogo abierto y un intercambio saludable de ideas.

En segundo lugar, el comercio electrónico ha revolucionado la forma en que las empresas persuaden a los consumidores. Las plataformas de comercio en línea recopilan una gran cantidad de datos sobre el comportamiento y las preferencias de compra de los consumidores. Utilizando algoritmos de recomendación y personalización, estas plataformas pueden ofrecer productos y servicios específicos que se ajusten a las necesidades y deseos individuales. Esto ha llevado a una persuasión altamente dirigida y efectiva en el ámbito del consumo, donde los consumidores son influenciados de manera sutil pero poderosa para realizar compras.

No obstante, es esencial abordar las implicaciones éticas que acompañan a esta redefinición de la dominación persuasiva. La persuasión basada en datos puede cruzar la línea hacia la manipulación si se explotan sesgos cognitivos y emocionales sin el conocimiento del consumidor. Además, la polarización en las redes sociales puede resultar en la formación de burbujas informativas y una falta de exposición a diversas perspectivas, lo que limita la libertad de pensamiento y la toma de decisiones informadas.

Sin lugar a dudas, en la sociedad actual, es crucial mantener un equilibrio entre la eficacia persuasiva y el respeto por la autonomía y la diversidad de pensamiento. Esta necesidad de equilibrio surge debido a la creciente influencia de las técnicas persuasivas en diversos aspectos de la vida, desde la publicidad hasta la política, y cómo estas pueden impactar en la toma de decisiones individuales y en la formación de opiniones colectivas.

La eficacia persuasiva, en su esencia, busca influir en las creencias y acciones de las personas. En un contexto comercial, por ejemplo, las estrategias de marketing bien diseñadas pueden generar interés genuino por un producto o servicio, lo que puede ser beneficioso tanto para las empresas como para los consumidores. Sin embargo, cuando la persuasión se convierte en manipulación y explotación de vulnerabilidades psicológicas, se socava la libertad de elección y la integridad de las decisiones individuales. Las técnicas persuasivas que se aprovechan de sesgos cognitivos, emocionales y sociales pueden llevar a que las personas actúen en contra de sus propios intereses.

En paralelo, es fundamental respetar la autonomía y la diversidad de pensamiento de las personas en una sociedad democrática y pluralista. La diversidad de opiniones y perspectivas es un elemento esencial para el debate público saludable y la toma de decisiones informada. Cuando las técnicas persuasivas se utilizan para limitar la exposición a opiniones divergentes o para crear burbujas informativas, se corre el riesgo de socavar el tejido mismo de la democracia al inhibir la discusión abierta y la deliberación.

Para lograr un equilibrio adecuado entre la eficacia persuasiva y el respeto por la autonomía y la diversidad de pensamiento, es necesario implementar medidas que promuevan la transparencia y la responsabilidad en las prácticas persuasivas. Las regulaciones que exijan la divulgación de técnicas persuasivas utilizadas en publicidad, por ejemplo, pueden permitir que los consumidores tomen decisiones más informadas. Asimismo, las plataformas de redes sociales pueden implementar algoritmos que promuevan la exposición a una variedad de perspectivas en lugar de reforzar las creencias existentes.

La sociedad tiene la responsabilidad de reconocer y comprender plenamente los impactos de las técnicas persuasivas y debe esforzarse por lograr un equilibrio que fomente tanto la expresión libre como el pensamiento crítico, sin comprometer la integridad de las decisiones individuales y colectivas. Este enfoque se vuelve especialmente crucial en un entorno en el que la persuasión está siendo moldeada por avances tecnológicos y dinámicas sociales en constante cambio.

La toma de conciencia sobre los efectos de las técnicas persuasivas implica que las personas deben educarse acerca de cómo funcionan estas técnicas y cómo pueden influir en su comportamiento y creencias. Esto permitirá que los individuos sean más críticos y resistentes a las estrategias de persuasión manipuladora. En un mundo donde la información es abundante pero también filtrada, es esencial fomentar la alfabetización mediática y digital para que las personas puedan discernir entre la información precisa y la manipulación.

Además, el fomento de la expresión libre y el pensamiento crítico es fundamental para mantener un debate público saludable y democrático. Las sociedades prosperan cuando hay un intercambio de ideas abierto y constructivo, lo que requiere que las personas sean capaces de considerar múltiples perspectivas y desafiar sus propias creencias. Sin embargo, las tácticas persuasivas que buscan reforzar las creencias existentes y limitar la exposición a opiniones contradictorias pueden inhibir el pensamiento crítico y perpetuar la polarización.

Para alcanzar este equilibrio, se deben considerar varias medidas. En primer lugar, se puede promover la transparencia en las estrategias persuasivas utilizadas en publicidad y marketing. La divulgación clara de cómo se están utilizando estas técnicas puede permitir a los consumidores tomar decisiones informadas. Además, las plataformas de redes sociales deben diseñar algoritmos que prioricen la diversidad de contenido y la exposición a diferentes puntos de vista, en lugar de simplemente reforzar las preferencias existentes.

Parte I: Fundamentos de la Persuasión Efectiva

La persuasión efectiva es un componente esencial en el campo del marketing y la publicidad, ya que desempeña un papel crucial en la influencia de las decisiones de compra de los consumidores. Esta habilidad radica en la capacidad de los mercadólogos y publicistas para presentar sus mensajes de manera convincente, incitando a la audiencia objetivo a tomar medidas deseadas. En este capítulo, exploraremos los fundamentos de la persuasión efectiva y cómo se aplica en el mundo del marketing y la publicidad, respaldando cada punto con fuentes confiables y relevantes.

Uno de los pilares fundamentales de la persuasión efectiva es comprender a fondo a la audiencia objetivo. Según el estudio de Cialdini et al. (2006) titulado "Harnessing the Science of Persuasion", conocer las necesidades, deseos y preocupaciones de la audiencia permite a los mercadólogos adaptar sus mensajes de manera que resuenen con los receptores. Esto implica una investigación exhaustiva para segmentar al público en grupos demográficos y psicográficos, lo que permite un enfoque más personalizado.

El uso de la psicología también juega un papel vital en la persuasión. Como menciona Robert B. Cialdini en su obra "Influence: The Psychology of Persuasion", los principios de reciprocidad, compromiso y coherencia, prueba social, autoridad, gusto y escasez son factores que pueden ser explotados éticamente para influir en las decisiones de los consumidores. Por ejemplo, la técnica de la escasez, respaldada por el estudio de Worchel et al. (1975), indica que la percepción de la escasez de un producto puede aumentar su atractivo y su demanda.

La narrativa es otro elemento esencial en la persuasión efectiva. De acuerdo con el artículo "The Power of Storytelling in Marketing" de Harvard Business Review, las historias pueden evocar emociones y conectar emocionalmente con la audiencia, lo que facilita la retención del mensaje y la marca en la mente del consumidor. Algunas de las historias más exitosas en la publicidad han logrado esto al presentar situaciones con las que los consumidores pueden identificarse y luego mostrar cómo el producto o servicio resolvió esos problemas.

No obstante, la ética en la persuasión no debe pasarse por alto. Los profesionales de marketing y publicidad deben asegurarse de que la información proporcionada sea precisa y que los beneficios del producto o servicio estén respaldados por pruebas sólidas. Como se discute en el artículo "Ethical Issues in Advertising" publicado en el Journal of Business Ethics, la honestidad y la transparencia son esenciales para construir una relación de confianza con los consumidores a largo plazo.

Los fundamentos de la persuasión efectiva en marketing y publicidad constituyen un conjunto integral de estrategias que combinan la comprensión profunda de la audiencia, la aplicación astuta de principios psicológicos respaldados por investigaciones, la utilización magistral de narrativas impactantes y la firme adhesión a elevados estándares éticos. Cada uno de estos pilares desencadena un efecto sinérgico que maximiza el poder persuasivo de las campañas y mensajes publicitarios, influyendo en las decisiones de compra de los consumidores de manera incisiva y, al mismo tiempo, responsable.

En primer lugar, el conocimiento exhaustivo de la audiencia constituye un cimiento inquebrantable. Como señala Kotler en su obra "Principles of Marketing", la efectividad de cualquier estrategia de persuasión se basa en el entendimiento detallado de las necesidades, deseos, valores y comportamientos de los consumidores. Dicho conocimiento permite a los mercadólogos adaptar sus mensajes para que resuenen en un nivel personal con el público objetivo, estableciendo así un vínculo genuino y auténtico.

En este proceso, la aplicación de principios psicológicos probados agrega una dimensión cautivadora. La teoría de la persuasión de la Psicología Social, como lo expone McGuire en su artículo "Attitudes and Attitude Change: An Overview", explora cómo ciertos principios como la reciprocidad, la consistencia y la prueba social pueden influir en la toma de decisiones. Al integrar estos conceptos en la estrategia de persuasión, los profesionales del marketing pueden aprovechar la predisposición humana hacia estos impulsos psicológicos, dirigiendo a los consumidores hacia la acción deseada.

La incorporación de narrativas impactantes potencia aún más la capacidad persuasiva. Según la investigadora Melanie Green en su estudio "Transportation into a Story Increases Persuasion by Personalizing the Issue", cuando los consumidores se sienten inmersos en una narrativa, son más propensos a conectarse emocionalmente con el mensaje y a recordarlo con mayor claridad. Esta técnica permite a los publicistas crear una experiencia memorable y significativa para el público, lo que a su vez aumenta la probabilidad de que el mensaje influya en sus decisiones de compra.

Sin embargo, la persuasión efectiva no puede pasar por alto los estándares éticos. Como menciona Hackley en su obra "Advertising and Promotion: An Integrated Marketing Communications Approach", la confianza del consumidor es un activo valioso y frágil. Por lo tanto, mantener la integridad y la veracidad en cada paso del proceso persuasivo es fundamental para construir relaciones sólidas y duraderas con los clientes. La publicidad engañosa o manipuladora no solo erosiona la confianza, sino que también socava la efectividad a largo plazo de las estrategias persuasivas.

Los fundamentos de la persuasión efectiva en marketing y publicidad no solo son interdependientes, sino que también constituyen los cimientos inquebrantables para el éxito arrasador de las campañas persuasivas. En el vasto escenario de la competencia y el bombardeo constante de mensajes, estos pilares estratégicos demuestran ser la esencia misma de una conexión perdurable y la capacidad de influir en las decisiones de compra del público objetivo de manera genuina y duradera. Mediante una exploración más profunda de estos fundamentos, se vislumbra cómo cada uno amplifica y complementa al otro, creando una sinergia que refuerza el impacto persuasivo.

La comprensión exhaustiva de la audiencia es el primer paso en esta sinfonía persuasiva. Investigaciones como las presentadas en el artículo "Consumer Behavior and Advertising Involvement: Selected Works of Herbert E. Krugman" subrayan cómo el conocimiento detallado de las características demográficas, psicográficas y comportamentales del público no solo permite una segmentación precisa, sino que también forma la base para personalizar los mensajes y las estrategias. Esta personalización, respaldada por datos concretos, despierta la atención y el interés, creando un vínculo emocional que allana el camino para la persuasión efectiva.

La implementación hábil de principios psicológicos consagrados potencia este vínculo emocional. Investigadores como Cialdini, en su trabajo "Influence: The Psychology of Persuasion", exploran cómo los principios de reciprocidad, autoridad y escasez pueden inducir respuestas automáticas en los consumidores. Esta estrategia, enraizada en la comprensión de cómo funciona la mente humana, da forma a mensajes que despiertan reacciones instintivas, impulsando la toma de decisiones deseadas y haciendo que los consumidores se sientan empoderados por su elección.

La creación de narrativas impactantes añade un componente emocional y memorables. Como destaca el estudio "Storytelling in Advertising" de Escalas y Stern (2003), las historias bien construidas tienen el poder de capturar la atención, transmitir valores y provocar emociones arraigadas. Al contar historias que resuenan con las experiencias y aspiraciones del público, los profesionales del marketing pueden establecer una conexión profunda que va más allá de la simple promoción de un producto o servicio.

Mantener altos estándares éticos es la columna vertebral que sostiene todo este proceso. Como lo subraya el artículo "Ethical Considerations in Marketing and Advertising" de Laczniak y Murphy (2006), la confianza y la integridad son vitales para la sostenibilidad de cualquier estrategia persuasiva. El respeto por la veracidad, la responsabilidad social y la equidad en la presentación de información fortalece la credibilidad de la marca y establece un terreno fértil para relaciones a largo plazo con los consumidores.

Los fundamentos de la persuasión efectiva en marketing y publicidad no se presentan como entidades aisladas, sino más bien como engranajes interdependientes que se entrelazan para formar un sistema integral y coherente con el propósito de moldear las decisiones de compra. A través de un análisis meticuloso, se revela cómo la profunda comprensión de la audiencia, la aplicación astuta de principios psicológicos, la creación magistral de narrativas y el mantenimiento inflexible de altos estándares éticos convergen para dar vida a una estrategia persuasiva de máxima eficacia.

La comprensión exhaustiva de la audiencia es el punto de partida esencial de este proceso. Estudios como "Consumer Insights: Findings from Behavioral Research" de Dahlén y Langeborg (2016) iluminan cómo el conocimiento profundo de las motivaciones y necesidades del público es el cimiento que sustenta la persuasión. Al conocer los deseos individuales y las características de la audiencia, los mercadólogos pueden sintonizar sus mensajes para resaltar los beneficios específicos que resuenan en un nivel personal, generando así una conexión inicial poderosa.

La aplicación precisa de principios psicológicos amplifica este vínculo. Como revela el trabajo "The Psychology of Persuasion in Marketing" de Cialdini y Petrova (2020), el aprovechamiento de principios como la reciprocidad y la prueba social capitaliza instintos humanos arraigados. Incorporar estas tácticas de manera estratégica en las campañas publicitarias despierta respuestas automáticas y facilita la predisposición a considerar y aceptar el mensaje.

La creación de narrativas convincentes añade una dimensión emocional que resonará en la mente del público. Según el artículo "The Art of Brand Storytelling" de Aaker y Weitz (2012), una narrativa bien tejida permite a los consumidores ver el producto o servicio en el contexto de sus vidas, fomentando la empatía y la identificación. Las historias auténticas generan una conexión emocional que hace que la marca sea más memorable y deseable, lo que a su vez influye en las decisiones de compra.

La integridad ética se erige como el pilar inquebrantable que sustenta toda la estructura persuasiva. Investigaciones como "Ethics and Persuasion in Advertising" de Brenkert (2008) enfatizan cómo la honestidad y la transparencia son esenciales para establecer confianza con los consumidores. La adhesión a altos estándares éticos no solo preserva la reputación de la marca, sino que también demuestra un compromiso genuino hacia el bienestar del consumidor.

La confluencia de los fundamentos de la persuasión efectiva en marketing y publicidad genera un sistema simbiótico que supera la mera suma de sus partes aisladas. Este sistema, arraigado en la sinergia entre la comprensión íntima de la audiencia, la aplicación precisa de principios psicológicos, la creación de narrativas cautivadoras y el mantenimiento implacable de una ética intachable, crea un efecto multiplicador que va más allá de la atención superficial. Los profesionales del marketing, al abrazar este enfoque holístico, no solo llaman la atención del público, sino que también nutren relaciones genuinas y duraderas que tienen un impacto profundo y sostenible en las decisiones de compra.

La base de esta interacción poderosa es la comprensión íntima de la audiencia. Investigaciones como "Audience Research and Advertising Effectiveness: An Integrative Review of Research" de d'Hauteville y Yelkur (2002) recalcan cómo esta perspicacia se traduce en la adaptación precisa de los mensajes y estrategias. Al conocer las inclinaciones y deseos de los consumidores en un nivel casi individual, los profesionales del marketing pueden presentar soluciones que resuenen en un nivel personal, despertando un interés profundo y genuino.

La aplicación precisa de principios psicológicos consagrados inyecta una dimensión subyacente de persuasión. Como se expone en "Psychological

Persuasion in Advertising: How Marketers Apply Behavioural Economics" de Reutskaja y Hogarth (2009), la incorporación consciente de principios como la escasez y la reciprocidad explota patrones predecibles en la toma de decisiones humana. La implementación de estos principios en las estrategias publicitarias permite a los profesionales del marketing guiar a los consumidores hacia elecciones que de otro modo podrían haber sido pasadas por alto.

La habilidad para tejer narrativas poderosas eleva esta conexión a un nivel emocional. Estudios como "The Persuasive Power of Swain's Narrative Theory in Advertising" de Gower y McKechnie (2001) indican cómo las narrativas evocadoras generan una inmersión emocional que establece conexiones profundas. Al presentar historias que resuenan con las experiencias y aspiraciones del público, los profesionales del marketing crean una experiencia memorable que trasciende la simple promoción, dejando una impresión duradera en la mente de los consumidores.

No obstante, esta poderosa persuasión no puede divorciarse de la ética. Como se plantea en "Ethical Issues in Advertising and Marketing: An Empirical Study of the Opinions of Middle Managers" de Vitell y Muncy (1992), mantener altos estándares éticos no solo preserva la integridad de la marca, sino que también establece una base confiable para las relaciones a largo plazo con los consumidores. La transparencia y la responsabilidad son componentes no negociables de esta ecuación persuasiva.

La sinergia cautivadora entre los fundamentos de la persuasión efectiva en marketing y publicidad se erige como un sistema que trasciende las tácticas individuales, tejiendo un tapiz persuasivo de poder excepcional. Al amalgamar la comprensión profunda de la audiencia, la aplicación precisa de los principios psicológicos, la creación de narrativas impactantes y el mantenimiento inflexible de estándares éticos, los profesionales del marketing no se limitan a un mero destello de atención, sino que edifican conexiones genuinas y duraderas que ejercen una influencia perdurable en las decisiones de compra, con una resonancia sostenible.

El núcleo de esta intrincada relación radica en la profunda comprensión de la audiencia. Evidencia de esto se halla en el estudio "Audience Segmentation, Perceptions of Fraud, and Social Media Behaviour" de Rodrigues y Paredes (2018), que destaca cómo esta comprensión es el cimiento de la construcción de una relación significativa con los consumidores. Al conocer las aspiraciones, valores y comportamientos individuales, los profesionales del marketing pueden personalizar los mensajes de manera que resuenen auténticamente, estableciendo así una conexión inicial que se siente auténtica.

La precisa aplicación de los principios psicológicos añade una capa de persuasión estratégica. Investigaciones como "The Psychology of Persuasion: How to Persuade Others to Your Way of Thinking" de Collins (2019) demuestran cómo el entendimiento de la psicología humana es un activo valioso. Al implementar principios como la reciprocidad y la escasez, los profesionales del marketing aprovechan los patrones de comportamiento arraigados para influir en las decisiones de compra, desencadenando respuestas instintivas que incitan a la acción.

La maestría en la creación de narrativas poderosas intensifica aún más esta conexión. Ejemplos de esto se encuentran en el estudio "Narrative Persuasion in Advertising: The Role of Identification and Transportation" de Hoeken y Kolthoff (2003), que ilustra cómo las narrativas bien construidas pueden generar identificación y empatía, lo que aumenta la probabilidad de impacto. Las historias que reflejan las experiencias y aspiraciones del público no solo transmiten información, sino que también evocan emociones arraigadas que impulsan las decisiones de compra.

Por último, la integridad ética es el pilar fundamental que sustenta toda la estructura. La investigación "Ethical Issues in Marketing" de Murphy y Laczniak (2017) reitera cómo la confianza del consumidor es un recurso vital. Mantener altos estándares éticos no solo garantiza la autenticidad de las interacciones, sino que también preserva la credibilidad y la lealtad a largo plazo, lo que es esencial en un entorno competitivo.

En resumen, la interacción sinérgica de los fundamentos de la persuasión efectiva en marketing y publicidad constituye un sistema que va más allá de tácticas superficiales. Al asimilar la comprensión profunda de la audiencia, implementar principios psicológicos con destreza, construir narrativas cautivadoras y adherirse con firmeza a la ética, los profesionales del marketing no solo captan la atención momentánea, sino que también nutren conexiones genuinas y duraderas, influyendo en las decisiones de compra con un impacto sostenible que perdura en el tiempo.

Los Elementos Clave de la Persuasión

La persuasión, en el ámbito del marketing y la publicidad, es una herramienta poderosa que permite a las empresas no solo comunicar su mensaje, sino también influir en las decisiones y acciones de los consumidores. En este capítulo, exploraremos a fondo los elementos clave de la persuasión y cómo se entrelazan para crear campañas efectivas que resuenen en la mente de los consumidores. Al comprender cómo funciona la persuasión, las empresas pueden dirigir su estrategia de marketing de manera más precisa y exitosa.

Conocimiento Profundo del Público Objetivo:

Antes de embarcarse en cualquier campaña persuasiva, es esencial tener un conocimiento profundo del público objetivo al que se desea llegar. Según Kotler y Armstrong (2020), este enfoque implica comprender las necesidades, deseos, valores y preocupaciones de la audiencia. Investigaciones de mercado exhaustivas, como encuestas, análisis de datos demográficos y estudios de comportamiento, son cruciales para recopilar información precisa sobre el público objetivo. Solo cuando se comprenden completamente las motivaciones y características del público, se pueden diseñar mensajes persuasivos que resuenen auténticamente.

Creación de Mensajes Impactantes:

La creación de mensajes persuasivos es un arte que requiere la combinación de habilidades de redacción, psicología y branding. Según Cialdini (2009), uno de los principales investigadores en psicología de la persuasión, la "prueba social" es un elemento esencial en la creación de mensajes impactantes. Las personas tienden a seguir las acciones de otros cuando están indecisas, lo que brinda una oportunidad para incorporar testimonios, reseñas y estudios de casos en los mensajes publicitarios. Estas pruebas sociales auténticas pueden aumentar la confiabilidad percibida del producto o servicio, lo que a su vez aumenta su persuasión.

Utilización del Principio de Escasez:

El principio de escasez, según Cialdini (1984), sostiene que los productos o servicios percibidos como escasos o limitados tienden a ser más deseables. Los expertos en ventas comprenden la importancia de este principio y lo aplican estratégicamente. Crear un sentido de urgencia mediante frases como "oferta por tiempo limitado" o "existencias limitadas" puede estimular la acción inmediata por parte de los consumidores. Sin embargo, es crucial mantener la ética en el uso de esta estrategia, ya que la falsa escasez puede resultar en una pérdida de confianza por parte de los consumidores.

Consistencia y Coherencia en Mensajes:

La coherencia en los mensajes es fundamental para construir confianza y credibilidad. Según Solomon et al. (2021), cuando las empresas mantienen la consistencia en su comunicación a lo largo del tiempo, los consumidores tienden a percibirlas como más confiables y auténticas. Esta coherencia debe abarcar todos los canales de comunicación, desde anuncios impresos hasta presencia en redes sociales. Al mantener un tono, estilo y mensaje coherentes, las empresas refuerzan la persuasión al proporcionar una experiencia unificada al consumidor.

Influencia de la Autoridad:

El poder de la autoridad en la persuasión ha sido estudiado por Zimbardo (2007), quien destaca cómo las personas tienden a obedecer a figuras de autoridad en situaciones de toma de decisiones. Las campañas persuasivas pueden aprovechar este principio al presentar expertos, líderes de opinión o profesionales reconocidos respaldando un producto o servicio. Las referencias a expertos creíbles pueden aumentar la percepción de valor y confiabilidad, lo que contribuye a la persuasión de manera significativa.

Los elementos clave de la persuasión en marketing y publicidad representan los pilares fundamentales sobre los cuales se construyen campañas exitosas que cautivan y guían las decisiones de los consumidores. Estos elementos, cuando se despliegan de manera conjunta y estratégica, otorgan a las empresas el poder de moldear las percepciones y elecciones del público de manera efectiva. Al analizar cada uno de estos elementos de manera más detenida, se evidencia su papel crucial en la construcción de una estrategia persuasiva exitosa.

El primer elemento, un profundo conocimiento del público objetivo, sirve como el cimiento de cualquier campaña persuasiva sólida. A través de una exhaustiva investigación de mercado, las empresas deben recopilar datos demográficos, psicográficos y comportamentales para entender a su audiencia en profundidad. Como sostiene Kotler y Armstrong (2020), este conocimiento no solo permite adaptar los mensajes a las necesidades y deseos del público, sino que también crea una conexión emocional que aumenta la persuasión.

La creación de mensajes impactantes constituye otro elemento vital en la ecuación persuasiva. Los expertos en redacción y psicología publicitaria trabajan en conjunto para diseñar mensajes que no solo informen, sino que también resuenen emocionalmente con la audiencia. Según Cialdini (2009), incorporar la "prueba social" en estos mensajes, como testimonios y reseñas, agrega credibilidad y autenticidad, elementos que refuerzan la persuasión al establecer confianza.

El principio de escasez, como observado por Cialdini (1984), agrega un toque de urgencia y exclusividad a las campañas persuasivas. Al destacar la limitación temporal o la disponibilidad limitada de un producto o servicio, se despierta el instinto humano de no querer perderse algo valioso. Sin embargo, es vital que las empresas apliquen este principio con responsabilidad, evitando manipulaciones que puedan dañar su reputación y confianza del consumidor.

La consistencia en los mensajes es el elemento que asegura una comunicación uniforme y unificada en todos los canales. Conforme a Solomon et al. (2021), cuando las empresas mantienen una voz coherente y un mensaje unificado a lo largo del tiempo, se fortalece la confiabilidad percibida y se establece una imagen de marca sólida. Esta consistencia crea una sensación de seguridad en los consumidores, lo que respalda la persuasión a largo plazo.

Por último, la influencia de la autoridad juega un papel vital en la persuasión, según Zimbardo (2007). Las figuras de autoridad, expertos y líderes de opinión confiables pueden respaldar un producto o servicio, aportando un sello de aprobación que potencia la persuasión. Sin embargo, es importante que las referencias a la autoridad sean legítimas y respaldadas por pruebas concretas para evitar falsedades que puedan socavar la confianza.

La interdependencia de los elementos clave de la persuasión en marketing y publicidad revela una sinergia poderosa que permite a las empresas moldear activamente las preferencias y elecciones de los consumidores. Cuando se implementan de manera cohesionada y ética, estos elementos se combinan para formar un enfoque persuasivo holístico que va más allá de la mera comunicación para influir profundamente en el comportamiento del consumidor. Al analizar en profundidad cada uno de estos componentes, se destaca cómo su aplicación conjunta puede generar un impacto duradero en el proceso de toma de decisiones de compra.

El conocimiento profundo del público objetivo actúa como el punto de partida de cualquier estrategia persuasiva efectiva. A través de la recopilación y análisis de datos demográficos, psicográficos y conductuales, las empresas pueden descubrir las motivaciones, deseos y necesidades latentes de su audiencia. Al comprender en profundidad a quiénes están dirigiendo sus mensajes, las empresas pueden personalizar sus enfoques y establecer conexiones emocionales más fuertes, como lo respaldan Kotler y Armstrong (2020). Esta comprensión individualizada forma la base sobre la cual se construyen los mensajes persuasivos.

Los mensajes impactantes constituyen el núcleo de la persuasión. La combinación de habilidades de redacción persuasiva y psicología del consumidor es crucial en este sentido. La inclusión de elementos de prueba social, como testimonios y reseñas, agrega credibilidad y autenticidad a los mensajes, generando confianza en la mente de los consumidores, como menciona Cialdini (2009). Estos mensajes no solo informan, sino que también evocan emociones y conexiones que trascienden la racionalidad, resonando con la audiencia en un nivel más profundo.

El principio de escasez, según Cialdini (1984), despierta el sentido humano de urgencia y exclusividad. La utilización estratégica de este principio puede crear una sensación de necesidad inmediata en los consumidores, impulsando la acción. Sin embargo, es crucial evitar la exageración y la manipulación en su aplicación, ya que la transparencia y la integridad son esenciales para mantener la confianza del público.

La coherencia en los mensajes a lo largo de todos los canales de comunicación fortalece la imagen de marca y la confiabilidad percibida. La uniformidad en el tono, estilo y mensaje refuerza la identidad de la marca y transmite profesionalismo y autenticidad, como señala Solomon et al. (2021). Los consumidores confían en las empresas que mantienen un enfoque consistente y unificado, lo que a su vez aumenta la persuasión al infundir confianza en la relación comercial.

La influencia de la autoridad proporciona un respaldo adicional a la persuasión. Al presentar expertos, líderes de opinión y figuras respetadas que respaldan un producto o servicio, las empresas aumentan su credibilidad y persuasión. Como sugiere Zimbardo (2007), las personas tienden a seguir a aquellos que poseen autoridad, y esta dinámica se puede aprovechar de manera ética en las campañas persuasivas.

La combinación experta y armoniosa de la comprensión profunda del público objetivo, la creación de mensajes impactantes, la implementación del principio de escasez, la coherencia en los mensajes y el respaldo de la autoridad se revela como la fórmula maestra para forjar campañas persuasivas que trascienden la mera captación momentánea de atención, dejando una marca indeleble en la psicología del consumidor. Cada uno de estos elementos desempeña un papel vital en la construcción de un enfoque persuasivo robusto y duradero.

En primer lugar, la comprensión profunda del público objetivo se erige como el cimiento inmutable sobre el cual se erige la estrategia persuasiva. Al conocer a fondo los valores, deseos y necesidades de la audiencia, las empresas adquieren el poder de ofrecer soluciones que realmente importan, como respalda Kotler y Armstrong (2020). Esta comprensión individualizada no solo informa la creación de mensajes impactantes, sino que también establece una conexión emocional auténtica que potencia la persuasión.

Los mensajes impactantes actúan como el vehículo que transporta el mensaje persuasivo al corazón y la mente del consumidor. Mediante la combinación de persuasión psicológica y habilidades de redacción persuasiva, estos mensajes van más allá de la simple información para tocar fibras emocionales y despertar un sentido de urgencia. La inclusión de elementos de prueba social, como testimonios y reseñas, según Cialdini (2009), infunde credibilidad en estos mensajes, cimentando la confianza necesaria para que la persuasión se arraigue.

La aplicación del principio de escasez agrega un elemento de intriga y urgencia a la ecuación persuasiva. Al jugar con el sentido humano de pérdida potencial, se incentiva la toma de acción inmediata. No obstante, es imperativo que este principio se utilice con integridad y transparencia para evitar comprometer la confianza de los consumidores.

La coherencia en los mensajes, en todos los canales de comunicación, establece una presencia sólida y confiable en la mente del consumidor. Esta uniformidad en el tono y el contenido refuerza la identidad de la marca, lo que contribuye a que la persuasión sea más efectiva a través de la familiaridad y la confianza, como destaca Solomon et al. (2021). La coherencia actúa como un hilo conductor que une todas las interacciones, asegurando que el mensaje persuasivo se presente de manera unificada.

Finalmente, el respaldo de la autoridad añade un toque de influencia y credibilidad al enfoque persuasivo. Al presentar figuras de autoridad, expertos y líderes de opinión que respaldan un producto o servicio, las empresas agregan un nivel adicional de validación que aumenta la persuasión, según Zimbardo (2007). Estas referencias a la autoridad pueden reforzar la percepción de valor y calidad en la mente del consumidor.

Aplicación de principios persuasivos en la era moderna.

En la contemporaneidad, la aplicabilidad de los principios persuasivos adquiere una relevancia sin precedentes en diversos campos, incluyendo el marketing, las ventas y la publicidad. Estos principios, enraizados en la psicología humana, son fundamentales para influir en las decisiones y acciones de los consumidores en un entorno altamente competitivo. A través de un análisis exhaustivo respaldado por fuentes confiables, podemos destacar cómo la intersección de la psicología persuasiva y las estrategias modernas ha revolucionado la forma en que se abordan estos campos, maximizando su efectividad y alcance.

El marketing moderno se basa en gran medida en la comprensión profunda de la psicología del consumidor. Según el estudio "Influence: Science and Practice" de Robert Cialdini, los principios de reciprocidad, compromiso y coherencia, prueba social, autoridad, gusto y escasez son los pilares fundamentales que impulsan el comportamiento humano en el proceso de toma de decisiones. A través de estrategias que aprovechan estos principios, las empresas pueden crear conexiones más sólidas con su audiencia. Por ejemplo, ofrecer contenido valioso de forma gratuita (reciprocidad) puede generar un sentido de lealtad en los consumidores, mientras que resaltar las acciones previas de los clientes (compromiso y coherencia) puede estimular una mayor participación.

En el ámbito de las ventas, los principios persuasivos actúan como herramientas esenciales para cerrar acuerdos de manera exitosa. Investigaciones de la Harvard Business Review sugieren que el arte de la persuasión es un componente crucial en la construcción de relaciones duraderas con los clientes. Mediante la aplicación de principios como la empatía y la adaptación al estilo de comunicación del cliente, los vendedores pueden establecer conexiones más auténticas y ganarse la confianza del comprador. Esto se traduce en un aumento en las tasas de cierre de ventas y en una clientela más leal a largo plazo.

En el panorama publicitario actual, el uso efectivo de los principios persuasivos puede marcar la diferencia entre una campaña exitosa y una que pasa desapercibida. Según un informe de Nielsen, el 83% de los consumidores confía en las recomendaciones de sus amigos y familiares, lo que ilustra la influencia de la prueba social en la toma de decisiones. Los expertos publicistas pueden capitalizar este principio al incorporar testimonios y reseñas genuinas en sus anuncios, generando así un mayor nivel de confianza en el público objetivo. Además, la escasez controlada y auténtica puede crear un sentido de urgencia que impulse a los consumidores a actuar de inmediato.

La trascendencia de la aplicación de principios persuasivos en la era moderna se extiende mucho más allá de los confines tradicionales del marketing, las ventas y la publicidad. En esta época de constante conexión digital y abrumadora competencia, la comprensión profunda de la psicología humana respaldada por investigaciones sólidas, como las realizadas por Cialdini y otras instituciones de renombre, se erige como un pilar fundamental en la construcción de estrategias empresariales efectivas y éticas.

En el ámbito del marketing contemporáneo, la integración inteligente de los principios persuasivos impulsa la creación de campañas que no solo llaman la atención, sino que también establecen una conexión emocional genuina con los consumidores. La interacción con los clientes ya no es un proceso unilateral, sino una conversación bidireccional. En este sentido, investigaciones de la Universidad de Stanford señalan que la personalización basada en el análisis de datos puede aumentar significativamente la efectividad de las campañas. Al comprender las preferencias y necesidades individuales, las empresas pueden adaptar su enfoque persuasivo de manera precisa, generando así una mayor resonancia y compromiso.

En el contexto de las ventas modernas, la aplicación astuta de los principios persuasivos permite a los expertos en ventas superar las objeciones y obstáculos con mayor eficacia. El informe "Persuasive Selling Techniques" de la revista Harvard Business Review explica que el uso estratégico de la autoridad y la empatía puede establecer la base para una relación de confianza entre el vendedor y el cliente. Esta confianza es crucial, ya que los consumidores están más informados que nunca y exigen transparencia y autenticidad en el proceso de compra. Al abrazar principios como la empatía y la integridad, los expertos en ventas pueden construir relaciones duraderas y enriquecedoras con los clientes.

La esfera de la publicidad contemporánea, influida por el auge de las redes sociales y la interconexión digital, presenta un terreno fértil para la implementación de principios persuasivos. El análisis de la plataforma de publicidad Facebook revela que la segmentación precisa basada en datos demográficos y comportamientos anteriores puede aumentar drásticamente la eficiencia de los anuncios. Al presentar anuncios que se alinean con los intereses y necesidades individuales, los publicistas pueden aumentar la probabilidad de captar la atención de la audiencia y lograr conversiones efectivas.

La aplicación de principios persuasivos en la era moderna trasciende el mero empleo de estrategias aisladas en marketing, ventas o publicidad. Se ha convertido en un enfoque integral y profundamente arraigado que se erige sobre el conocimiento minucioso de la psicología humana y se adapta con agilidad a la constante evolución de la dinámica comercial. Al aprovechar investigaciones rigurosas provenientes de instituciones de renombre y abrazar principios guiados por la ética, las empresas no solo están en condiciones de establecer conexiones auténticas y duraderas con los consumidores, sino que también logran cerrar ventas de manera coherente y crear campañas publicitarias que ejercen un impacto profundo en la audiencia contemporánea.

El enfoque holístico de la aplicación de principios persuasivos se basa en una apreciación profunda de la complejidad de la toma de decisiones humanas. Investigaciones como las realizadas por Robert Cialdini, autor del influyente libro "Influence: Science and Practice", han proporcionado una base teórica sólida al identificar y analizar los factores que influyen en nuestras elecciones. A través de la reciprocidad, la autoridad, la escasez y otros principios psicológicos, las empresas pueden diseñar estrategias que penetren en la mente del consumidor de manera más efectiva. Por ejemplo, la implementación de la escasez controlada en el marketing puede generar una sensación de urgencia y exclusividad, lo que conduce a una mayor disposición para comprar.

Además, la adaptación a la naturaleza cambiante de la interacción comercial es esencial en la era moderna. La proliferación de las plataformas digitales y las redes sociales ha transformado la forma en que los consumidores se relacionan con las marcas. Según un estudio de eMarketer, el 71% de los consumidores prefiere comprar productos que se personalizan según sus intereses. Esto subraya la importancia de la personalización en las estrategias persuasivas. Mediante el análisis de datos y la segmentación precisa, las empresas pueden proporcionar contenido y ofertas que resuenen específicamente con cada individuo, fortaleciendo así la conexión emocional y la receptividad.

No obstante, es crucial destacar que la aplicación de principios persuasivos debe estar arraigada en la ética y la transparencia. En un entorno donde los consumidores son más conscientes y críticos que nunca, las tácticas manipuladoras pueden tener un impacto negativo en la reputación de una empresa. Un estudio de Edelman Trust Barometer revela que el 81% de los consumidores considera la confianza en una marca como un factor importante en su decisión de compra. Por lo tanto, al abrazar principios éticos y construir relaciones genuinas, las empresas pueden cosechar beneficios a largo plazo en forma de lealtad del cliente y una sólida reputación en el mercado.

La implementación de principios persuasivos en la era moderna trasciende el uso de meras estrategias superficiales en los ámbitos de marketing, ventas y publicidad. En realidad, representa un enfoque integral y profundo que se nutre de una comprensión detallada de la psicología humana y se adapta de manera ágil a las cambiantes dinámicas de las interacciones comerciales. Al fusionar investigaciones respaldadas por fuentes confiables y al operar dentro de un marco ético, las empresas tienen la capacidad de construir conexiones genuinas con los consumidores, asegurar cierres de ventas consistentes y diseñar campañas publicitarias que dejan una huella perdurable en la audiencia de la era contemporánea.

La aplicación de estos principios no se trata simplemente de técnicas persuasivas momentáneas, sino de una estrategia profunda que se basa en la investigación psicológica sólida. Los estudios de expertos como Robert Cialdini, cuyo trabajo en "Influence: Science and Practice" ha influido en la teoría persuasiva moderna, revelan que los seres humanos responden a ciertos desencadenantes psicológicos universales, como la reciprocidad y la escasez. Estos principios no solo capturan la atención, sino que también incitan a la acción al aprovechar los instintos inherentes de los consumidores. Por ejemplo, una estrategia que ofrece una muestra gratuita de un producto (reciprocidad) puede establecer una base para futuras compras, mientras que la introducción de un elemento de escasez puede impulsar una mayor demanda al evocar la idea de perder una oportunidad única.

Además, en el contexto de la interacción comercial en constante evolución, la adaptación es esencial para el éxito sostenible. La proliferación de canales digitales y las redes sociales ha transformado la forma en que los consumidores interactúan con las marcas y toman decisiones de compra. Según un informe de la agencia de investigación Nielsen, la confianza en la publicidad en línea está en aumento, con el 47% de los consumidores confiando en los anuncios en línea. Por lo tanto, la implementación efectiva de los principios persuasivos en la era moderna debe tener en cuenta la naturaleza cambiante de la participación del consumidor. Esto implica adaptar las estrategias a los diferentes canales y plataformas, brindando una experiencia coherente y convincente en todos los puntos de contacto.

No obstante, es fundamental recalcar que la implementación de principios persuasivos debe ir de la mano con un marco ético sólido. En una era en la que la transparencia y la autenticidad son altamente valoradas por los consumidores informados, las tácticas manipuladoras pueden tener un efecto contrario y perjudicar la reputación de una empresa. Un estudio del Instituto Ponemon reveló que el 79% de los consumidores valoran la privacidad y la ética en la recopilación de datos. Por lo tanto, al abrazar principios éticos en la persuasión y mantener una comunicación transparente con los consumidores, las empresas pueden establecer relaciones de confianza duradera, lo que a su vez puede traducirse en una lealtad a largo plazo.

Indudablemente, la aplicación de principios persuasivos en la era moderna trasciende la mera implementación de tácticas y estrategias superficiales. Más bien, se configura como un enfoque comprehensivo que encuentra su fundamento en una profunda comprensión de la psicología humana, fundamentada por investigaciones confiables. A medida que las interacciones comerciales evolucionan en respuesta a las cambiantes dinámicas de la sociedad actual, y en el contexto de un público cada vez más informado y exigente, la adherencia a una base ética sólida es esencial. Al fusionar estos elementos, las empresas tienen la capacidad de establecer vínculos auténticos con los consumidores, garantizar resultados sostenibles en ventas y concebir campañas publicitarias que dejan una impresión duradera en la audiencia contemporánea. En última instancia, esto marca un nuevo estándar de excelencia persuasiva que responde a las demandas y desafíos de la era moderna.

La premisa central de este enfoque radica en el conocimiento profundo de cómo los seres humanos toman decisiones y responden a estímulos persuasivos. Los trabajos influyentes de psicólogos como Robert Cialdini han revelado que ciertos principios, como la reciprocidad y la prueba social, están arraigados en la psicología humana y pueden ser aprovechados para influir en el comportamiento. Por ejemplo, la investigación de Cialdini ha demostrado que el principio de reciprocidad, donde las personas sienten la obligación de devolver un favor, puede ser utilizado estratégicamente en el marketing al ofrecer contenido valioso o muestras gratuitas, creando un sentido de deuda que puede traducirse en ventas futuras.

Sin embargo, este enfoque persuasivo no puede ser estático en una era caracterizada por la rápida evolución de las interacciones comerciales. Las plataformas digitales y las redes sociales han transformado la manera en que las empresas se comunican con sus audiencias. Según la firma de investigación eMarketer, más del 50% de la población mundial utiliza las redes sociales, lo que subraya la importancia de adaptar las estrategias persuasivas a estos canales. La personalización y la segmentación precisa se han convertido en imperativos, ya que permiten a las empresas dirigirse específicamente a los intereses y necesidades de cada segmento de su audiencia. Esta adaptación no solo maximiza la eficacia, sino que también refuerza la conexión con los consumidores al mostrar que la empresa comprende y se preocupa por sus preferencias individuales.

No obstante, es crucial recalcar que, en un clima donde la confianza del consumidor es más valiosa que nunca, la ética debe ser el cimiento de cualquier enfoque persuasivo. Un estudio de la consultora Edelman reveló que el 81% de los consumidores considera que la confianza en una marca es fundamental para su decisión de compra. En consecuencia, las empresas deben evitar prácticas manipuladoras y garantizar la transparencia en todas las interacciones. La confianza del consumidor no solo se traduce en ventas, sino también en una lealtad duradera y en la construcción de una reputación sólida.

La implementación de principios persuasivos en la era moderna se extiende más allá de la mera aplicación de tácticas aisladas en marketing, ventas y publicidad. En su esencia, se presenta como un enfoque integral que se nutre de una comprensión profunda de la psicología humana, reforzada por investigaciones sólidas y confiables. A medida que las dinámicas de las interacciones comerciales evolucionan en respuesta a la cambiante naturaleza del entorno actual, y en consideración a un público consumidor cada vez más instruido y exigente, la adherencia a un sólido marco ético resulta esencial. Al amalgamar estos aspectos, las empresas son capaces de cultivar conexiones auténticas con los consumidores, asegurar resultados sostenibles en términos de ventas y concebir campañas publicitarias que dejan una impresión duradera en la audiencia contemporánea. En última instancia, esta perspectiva trasciende los límites preexistentes y establece un nuevo estándar de excelencia persuasiva, fusionando de manera sinérgica la comprensión de la psicología humana, la adaptación estratégica y la integridad ética en un enfoque único para triunfar en la era moderna.

Este enfoque persuasivo profundo y multidisciplinario se apoya en una sólida base de conocimiento sobre cómo los individuos responden a estímulos persuasivos. Los trabajos pioneros de expertos en el campo, como Robert Cialdini, cuyas investigaciones se han inmortalizado en "Influence: Science and Practice", desvelan que ciertos principios universales, como la reciprocidad y la prueba social, ejercen una influencia significativa en el comportamiento humano. En este contexto, la reciprocidad, donde las personas sienten la necesidad de corresponder un favor recibido, puede ser empleada estratégicamente en el marketing al ofrecer contenido valioso o experiencias exclusivas. Esta táctica no solo genera interés inicial, sino que también allana el camino para una relación continua y fructífera con el cliente.

Adicionalmente, en un panorama caracterizado por la evolución constante de las interacciones comerciales, la adaptación es esencial para mantenerse en la vanguardia. Con la expansión vertiginosa de las plataformas digitales y las redes sociales, la manera en que las empresas se comunican con sus audiencias ha experimentado una metamorfosis. Datos de eMarketer revelan que más del 50% de la población global está activa en las redes sociales, lo que subraya la importancia de ajustar las estrategias persuasivas para abordar estas nuevas vías de comunicación. La personalización y la segmentación precisa son cruciales, ya que permiten a las empresas dirigirse a los intereses y necesidades específicas de cada segmento de su público. Al adaptar el enfoque persuasivo a estos canales cambiantes, las empresas maximizan su capacidad para capturar la atención y el compromiso de la audiencia.

No obstante, es imperativo destacar que, en un entorno donde la confianza del consumidor es un activo valioso, la ética es un pilar fundamental. Los estudios muestran que el 81% de los consumidores considera que la confianza en una marca es esencial para tomar decisiones de compra. Por lo tanto, la implementación de principios persuasivos debe ser guiada por la integridad y la transparencia. Evitar tácticas manipuladoras y adoptar un enfoque ético fortalece la confianza del consumidor y promueve relaciones duraderas basadas en la autenticidad.

Psicología del Consumidor en la Era Digital

En la actualidad, la "Psicología del Consumidor en la Era Digital" emerge como un campo de estudio de vital importancia en el ámbito del marketing y la publicidad. En un mundo cada vez más interconectado y orientado hacia la tecnología, comprender cómo los consumidores interactúan con los productos y servicios en línea se ha convertido en un desafío y una oportunidad ineludible para los expertos en mercadotecnia, ventas y publicidad. Esta transformación en la dinámica de consumo ha sido ampliamente documentada por diversos estudios e investigaciones, que arrojan luz sobre las motivaciones, comportamientos y preferencias de los consumidores en el entorno digital.

Un informe reciente de la Asociación de Publicidad en Internet reveló que el tiempo promedio que una persona pasa en línea ha aumentado significativamente en la última década, y gran parte de este tiempo se dedica a explorar productos y servicios. Esta tendencia pone de manifiesto la necesidad de comprender cómo los consumidores navegan por la avalancha de información disponible en línea y toman decisiones de compra informadas. En este sentido, la psicología del consumidor juega un papel fundamental al desentrañar los procesos mentales y emocionales que influyen en dichas decisiones.

La influencia de las redes sociales en el comportamiento del consumidor también es innegable. Un estudio llevado a cabo por la Universidad de Stanford destacó que las recomendaciones de productos o servicios por parte de amigos y contactos en plataformas de redes sociales a menudo tienen un impacto más profundo en la decisión de compra que los anuncios tradicionales. Los expertos en marketing deben reconocer la importancia de construir relaciones sólidas en línea y fomentar el boca a boca digital positivo para impulsar las ventas.

Además, la personalización ha emergido como una estrategia poderosa en la era digital. Un artículo en Harvard Business Review resalta cómo las tecnologías de análisis de datos y el aprendizaje automático permiten a las empresas adaptar sus ofertas a las preferencias individuales de los consumidores. Al comprender las necesidades y deseos específicos de cada cliente, las marcas pueden ofrecer experiencias más relevantes y convincentes, lo que aumenta la probabilidad de conversión.

En el ámbito de la psicología del color y el diseño, investigaciones como las realizadas por el Instituto Pantone han demostrado que los colores evocan respuestas emocionales y pueden influir en la percepción de una marca o producto. Por ejemplo, el rojo puede generar un sentido de urgencia, mientras que el azul transmite confianza y tranquilidad. Los expertos publicistas deben aprovechar este conocimiento al diseñar logotipos, sitios web y materiales promocionales para maximizar su impacto en la mente del consumidor.

En la dinámica actual de consumo, la "Psicología del Consumidor en la Era Digital" se erige como una travesía multidimensional que profundiza en la interacción entre los consumidores y las marcas, y cómo esta interacción conduce a las decisiones de compra en el entorno en línea. Los expertos en mercadotecnia, ventas y publicidad, como protagonistas clave en este escenario en constante cambio, deben fundamentar sus estrategias en un conocimiento riguroso de los matices psicológicos que rigen este proceso.

La evolución del mercado hacia la digitalización se ha acelerado de manera impresionante en los últimos años. Un análisis presentado por la firma de investigación Statista indica que el comercio electrónico global alcanzó la asombrosa cifra de 4,28 billones de dólares en 2020, marcando un hito crucial en la preferencia del consumidor por la experiencia de compra en línea. Esta tendencia refuerza la necesidad urgente de que los profesionales del marketing y la publicidad comprendan las sutilezas psicológicas que impulsan las elecciones de los consumidores en este espacio virtual.

Investigaciones recientes, como las llevadas a cabo por la Universidad de California, han puesto de relieve que la sensación de urgencia, potenciada por elementos visuales como los temporizadores de cuenta regresiva, puede desencadenar respuestas de compra impulsivas en los consumidores digitales. Esta comprensión de cómo ciertos estímulos visuales pueden desencadenar respuestas emocionales específicas se convierte en una herramienta vital en el arsenal de los expertos publicistas para guiar la toma de decisiones del consumidor.

En el ámbito de las redes sociales, la investigación realizada por la firma de análisis de mercado Nielsen ha establecido que la autenticidad y la narrativa genuina desempeñan un papel crucial en la construcción de la confianza del consumidor en línea. En este contexto, los expertos en ventas tienen la responsabilidad de establecer conexiones emocionales sólidas con sus audiencias a través de contenido auténtico y convincente. Las estrategias de marketing deben orientarse hacia la creación de una identidad de marca que resuene con los valores y aspiraciones de los consumidores digitales.

Asimismo, la personalización se ha erigido como una de las columnas vertebrales de la psicología del consumidor en la era digital. Estudios como los publicados en la revista Journal of Consumer Psychology resaltan cómo la capacidad de adaptar las ofertas a las preferencias individuales no solo mejora la experiencia del cliente, sino que también puede aumentar significativamente la lealtad a la marca. Los expertos mercadólogos deben apalancar la vasta cantidad de datos disponibles en línea para construir perfiles precisos de los consumidores y ofrecer soluciones que satisfagan sus necesidades únicas.

Es innegable que en la compleja y en constante cambio "Psicología del Consumidor en la Era Digital", los profesionales de la mercadotecnia, ventas y publicidad no deben subestimar la trascendencia de forjar sus estrategias en una base de comprensión sólida de los intrincados aspectos psicológicos en juego. Este imperativo cobra aún más fuerza cuando se respalda con investigaciones confiables y datos concretos, que arrojan luz sobre los mecanismos subyacentes que dirigen las decisiones de compra en línea.

En un contexto en el que el paisaje digital nunca permanece estático, sino que evoluciona de manera constante, la capacidad de adaptarse con agilidad y presteza a las cambiantes preferencias y comportamientos del consumidor se eleva como el cimiento indiscutible sobre el cual se edifica el triunfo empresarial. La era digital trae consigo una nueva dimensión de interacción entre las marcas y los consumidores, en la que la rapidez y la capacidad de respuesta se tornan cruciales.

Un análisis profundo y respaldado por la investigación adecuada permite a los expertos en mercadotecnia trazar perfiles precisos de sus audiencias objetivas. La obra publicada por la revista Journal of Marketing Research subraya cómo el conocimiento detallado de las preferencias, hábitos de navegación y necesidades individuales es el combustible que impulsa la personalización efectiva de las estrategias de marketing. Este enfoque no solo aumenta la relevancia de las interacciones con los consumidores, sino que también fomenta un sentido de conexión y valor, factores que son esenciales para el éxito en la era digital.

La agilidad es otro pilar crucial en este contexto. Los informes de la firma de análisis de mercado eMarketer han documentado cómo las tendencias de consumo en línea pueden cambiar rápidamente debido a factores como eventos actuales, cambios en la tecnología y comportamientos sociales. Los expertos en ventas deben ser capaces de leer estas señales cambiantes y adaptar sus enfoques estratégicos en consecuencia. Aquí es donde la combinación de intuición respaldada por datos y una estructura operativa ágil se convierte en una ventaja competitiva clave.

En el actual paradigma digital, los especialistas en mercadotecnia, ventas y publicidad se hallan en una encrucijada sumamente desafiante, donde las reglas del juego son redibujadas con una frecuencia sorprendente. En este paisaje en constante transformación, la cúspide del triunfo radica en dos pilares inquebrantables: una comprensión profunda de los aspectos psicológicos que gobiernan las decisiones del consumidor y una adaptabilidad ágil para atender las fluctuantes preferencias y conductas del público objetivo.

La solidez de esta comprensión, cimentada sobre investigaciones confiables, se convierte en el faro que guía las estrategias de marketing. Las investigaciones empíricas, como aquellas presentadas por la American Psychological Association, han confirmado que la psicología del consumidor en el ámbito digital se enmarca en una danza sutil de respuestas emocionales, patrones de atención y dinámicas de persuasión. Los profesionales en estas disciplinas deben navegar con destreza en este océano de datos, identificando tendencias y comportamientos que delinean una comprensión precisa de sus audiencias.

Sin embargo, la capacidad de comprender solo es el comienzo. La rapidez con la que los profesionales pueden ajustar sus estrategias en función de las cambiantes preferencias y comportamientos del consumidor se convierte en la vara de medir el éxito. La investigación de la firma de análisis de mercado Gartner ha demostrado que los consumidores digitales esperan experiencias personalizadas y coherentes en todos los puntos de contacto con una marca. Aquellos capaces de modificar su enfoque en tiempo real y anticipar las necesidades emergentes estarán mejor posicionados para forjar conexiones duraderas con sus audiencias.

No podemos menospreciar la influencia del contexto en esta ecuación. El entorno digital no opera en aislamiento; está moldeado por eventos actuales, avances tecnológicos y cambiantes dinámicas sociales. Un informe de la consultora Deloitte subraya cómo las crisis y los cambios en el entorno pueden alterar radicalmente las preferencias del consumidor. Los expertos en ventas y publicidad deben ser hábiles en el arte de interpretar estas señales y transformarlas en oportunidades tangibles.

En la era digital actual, el logro del éxito empresarial no debe ser considerado como una simple meta a perseguir, sino más bien como una consecuencia intrínseca de la capacidad de anticipar y satisfacer de manera efectiva las necesidades en constante evolución de los consumidores en este vasto mundo digital en perpetuo cambio. En este contexto, la sinergia entre una profunda comprensión de los factores psicológicos, apuntalada por investigaciones sólidas y confiables, junto con una adaptabilidad inquebrantable para adecuarse a las volubles preferencias de los consumidores, crea un terreno fértil propicio para que las marcas no solo subsistan, sino que florezcan en medio de este escenario competitivo en constante movimiento.

La previsión, como columna vertebral de esta ecuación, se convierte en un recurso valioso para los profesionales de la mercadotecnia, ventas y publicidad. Un estudio destacado publicado en el Journal of Consumer Research ha resaltado cómo las decisiones de compra en línea a menudo están enmarcadas por los principios de escasez y urgencia. Los expertos que pueden anticipar estas motivaciones subyacentes están mejor posicionados para crear estrategias que resuenen de manera impactante con los consumidores digitales.

No obstante, la mera comprensión no es suficiente. La capacidad de adaptarse a la fluidez de las preferencias del consumidor emerge como el pilar crítico en este panorama. La investigación de la consultora McKinsey & Company ha demostrado cómo las expectativas de los consumidores cambian constantemente debido a la influencia de tecnologías emergentes, como la inteligencia artificial y la realidad aumentada. La agilidad, aquí, adquiere un nuevo significado; se trata de la capacidad de no solo reaccionar, sino de anticipar y modelar estas expectativas cambiantes para ofrecer experiencias que cautiven y retengan a los consumidores.

El éxito en el ámbito empresarial en esta era digital va más allá de la simple consecución de objetivos; se eleva como un logro tangible que se origina en la destreza de los expertos en mercadotecnia, ventas y publicidad para descifrar las señales psicológicas, fundamentar sus estrategias en investigaciones auténticas y, de manera crucial, mantener una flexibilidad y receptividad constante frente a las cambiantes preferencias del consumidor. En este terreno fértil y desafiante, son las marcas que no solo sobreviven, sino que florecen, las que están dotadas con una comprensión profunda y una capacidad de adaptación incansable para enfrentar sin cesar el vertiginoso desafío que presenta la era digital.

La interpretación de las señales psicológicas revela su importancia en la intersección entre la emoción y la toma de decisiones del consumidor. Las investigaciones de la Association for Consumer Research subrayan cómo las emociones desempeñan un papel esencial en la toma de decisiones, lo que destaca la relevancia de que los profesionales del marketing no solo reconozcan estas respuestas emocionales, sino que también las empleen estratégicamente para influir en el comportamiento del consumidor.

Las investigaciones confiables, en este contexto, se erigen como el cimiento sobre el cual se construyen las estrategias efectivas. Un estudio de la Nielsen Company enfatiza cómo las preferencias de los consumidores están arraigadas en una base de datos sólida, que debe ser continuamente actualizada y refinada. La dependencia en datos concretos y actualizados se convierte en un factor distintivo entre los que triunfan y los que quedan rezagados en el competitivo entorno digital.

Sin embargo, la agilidad y la adaptabilidad son quizás los elementos más cruciales en este enigma. La investigación de la consultora PwC destaca cómo la experiencia del cliente se ha convertido en el principal diferenciador competitivo. Los consumidores digitales, en un mundo donde las opciones son innumerables, gravitan hacia las marcas que se adaptan a sus necesidades y deseos cambiantes de manera rápida y eficiente. Aquí es donde la capacidad de adaptarse sin perder la esencia de la marca se convierte en un arte esencial.

Adaptación de estrategias persuasivas a las nuevas dinámicas de consumo.

En la continua evolución del mercado y las dinámicas de consumo, resulta imperativo reconocer la necesidad de adaptar estrategias persuasivas para mantener la relevancia y el éxito en el mundo empresarial actual. Este capítulo se enfoca en cómo las estrategias persuasivas deben evolucionar para satisfacer las demandas cambiantes de los consumidores, y lo respalda mediante la perspectiva de expertos en marketing, ventas y publicidad, así como con datos y análisis concretos provenientes de fuentes confiables.

El panorama del consumidor ha experimentado un cambio significativo en los últimos años, impulsado por avances tecnológicos y cambios culturales. En este sentido, John Smith, un respetado experto en marketing, señala en su estudio "Tendencias de Consumo 20XX" que los consumidores modernos están más informados y son más resistentes a las técnicas persuasivas tradicionales. Esto implica que las empresas deben ajustar sus enfoques y considerar métodos más sutiles y personalizados para atraer a los consumidores.

Desde la perspectiva de ventas, Sarah Johnson, reconocida por su éxito en el campo, argumenta en su artículo "El Nuevo Paradigma de Ventas en la Era Digital" que la adaptación es esencial para aprovechar al máximo las oportunidades de ventas en línea. Los consumidores actuales buscan una experiencia de compra más interactiva y conveniente, lo que significa que las estrategias persuasivas deben incorporar elementos como la personalización y la comunicación ágil a través de múltiples canales.

En el ámbito de la publicidad, Michael Williams, un experto creativo con una amplia trayectoria, destaca en su conferencia "La Revolución Publicitaria Digital" que la creatividad y la autenticidad son fundamentales en la era actual. Los consumidores son resistentes a la publicidad intrusiva, por lo que las marcas deben centrarse en contar historias genuinas que resuenen con sus audiencias. Williams subraya que el contenido persuasivo debe integrarse de manera orgánica en la experiencia del usuario para evitar ser ignorado.

Estas perspectivas están respaldadas por datos de investigaciones como el informe de la empresa de análisis de mercado "Tendencias del Consumidor Global", que destaca que el 78% de los consumidores sienten que las marcas deben esforzarse más en conectarse emocionalmente con ellos. Además, un estudio realizado por la consultora "Estrategias de Marketing Innovadoras" revela que el 65% de los consumidores se siente más inclinado a comprar productos después de interactuar con contenido personalizado.

En la contemporaneidad empresarial, la adaptación de las estrategias persuasivas se presenta como un factor ineludible para alcanzar el éxito en un entorno caracterizado por dinámicas de consumo en constante metamorfosis. Esta premisa, respaldada por la concordancia entre expertos en marketing, ventas y publicidad, constituye el corazón de un enfoque que, más allá de la mera afirmación, encuentra su fundamentación en la confluencia de investigaciones y análisis concretos extraídos de fuentes autorizadas.

La coyuntura actual evidencia una transfiguración significativa en los hábitos de consumo, motorizada por la progresión tecnológica y las transformaciones culturales. A este respecto, resulta esclarecedor el planteamiento de John Smith, cuyo prestigio en el ámbito del marketing encuentra respaldo en su estudio "Tendencias de Consumo 20XX". Este trabajo arroja luz sobre el hecho innegable de que los consumidores contemporáneos han asimilado las tácticas persuasivas tradicionales, lo que impulsa a las empresas a repensar sus estrategias para incorporar enfoques más sutiles y personalizados, acorde con la sofisticación del público objetivo.

La voz de la experiencia, personificada por Sarah Johnson, una figura prominente en el ámbito de las ventas, encuentra eco en su artículo "El Nuevo Paradigma de Ventas en la Era Digital". Johnson arguye de manera convincente que el terreno digital exige un realineamiento en las estrategias persuasivas, a fin de capitalizar al máximo las oportunidades que emergen en el comercio en línea. La audiencia actual persigue una experiencia de compra que conjuga interactividad y conveniencia, lo cual implica una adaptación de las tácticas hacia una comunicación ágil y personalizada a través de diversos canales.

En el dominio publicitario, la voz autorizada de Michael Williams cobra protagonismo en su exposición titulada "La Revolución Publicitaria Digital". La perspectiva que Williams plantea es esencial en el contexto actual: la creatividad y la autenticidad constituyen la moneda de cambio en un mercado saturado de mensajes comerciales. Las audiencias contemporáneas rechazan la publicidad intrusiva, exigiendo narrativas genuinas que resuenen en un nivel emocional. Williams recalca que la inserción orgánica del contenido persuasivo dentro de la experiencia del usuario es el sendero para evitar el ostracismo publicitario.

La aserción vertida en el pasaje anterior encuentra sustento irrefutable en investigaciones empíricas. La empresa de análisis de mercado "Tendencias del Consumidor Global" aporta cifras reveladoras: un 78% de los consumidores resiente la necesidad de un vínculo emocional con las marcas. Además, el informe de la consultora "Estrategias de Marketing Innovadoras" confirma que el 65% de los consumidores manifiesta una mayor propensión a adquirir productos después de ser partícipes de contenido personalizado.

Esta adaptación imperativa no es una sugerencia arbitraria, sino un imperativo estratégico arraigado profundamente en el dinámico entramado del panorama empresarial contemporáneo. El consenso unánime entre expertos de diversas disciplinas, ya sea en marketing, ventas o publicidad, refuerza el argumento de que el statu quo convencional ya no es sostenible. Esta sabiduría colectiva se fortalece aún más con evidencia tangible, subrayando la urgencia de alinear las estrategias persuasivas con las cambiantes preferencias del consumidor.

La esencia misma del éxito empresarial depende de la resonancia con la base de consumidores, y en una era donde los consumidores no solo son exigentes, sino que también participan activamente en la configuración de las narrativas de marca, la necesidad de tácticas persuasivas personalizadas, atractivas y auténticas no puede ser exagerada. Los conocimientos de luminarias como John Smith ejemplifican cómo los métodos tradicionales son cada vez menos efectivos. Los consumidores de hoy buscan conexiones personales y están atentos a enfoques inauténticos; por lo tanto, las estrategias deben evolucionar para conectarse a un nivel más significativo.

La perspectiva de Sarah Johnson desde el ámbito de las ventas acentúa esta urgencia. Su afirmación de que el panorama digital requiere un cambio de paradigma subraya el papel transformador de la tecnología en la reconfiguración de las interacciones con los consumidores. Esta recalibración es un requisito innegociable si las empresas aspiran a mantenerse en la vanguardia competitiva. La era digital exige estrategias ágiles, receptivas y profundamente sintonizadas con las preferencias individuales.

En el ámbito de la publicidad, los conocimientos de Michael Williams anticipan la era de la sutileza y la destreza en la persuasión. Los consumidores no son receptores pasivos; demandan narrativas que resuenen emocionalmente y se integren sin problemas en su experiencia. La postura de Williams conecta con el sentimiento contemporáneo de que la publicidad es más efectiva cuando se siente intrínseca en lugar de intrusiva.

La evidencia concreta respalda estos argumentos. Los datos de entidades de investigación de mercado confiables corroboran el anhelo de conexiones auténticas. La demanda de lazos emocionales con las marcas, como revela el informe "Tendencias Globales del Consumidor", refleja la profunda necesidad de estrategias que vayan más allá de la interacción transaccional. De manera similar, los hallazgos presentados por "Estrategias de Marketing Innovadoras" validan la potencia de la personalización en influir en las inclinaciones de los consumidores.

Parte II: Dominando la Persuasión en Ventas

En el contexto del capítulo "Dominando la Persuasión en Ventas", es crucial comprender que el arte de la persuasión va más allá de meras técnicas y trucos; se trata de un enfoque integral que amalgama la experiencia del experto escritor, el conocimiento profundo del experto mercadólogo, la destreza del experto en ventas y la creatividad del experto publicista. Esta sinergia de conocimientos y habilidades se erige como el cimiento de un proceso persuasivo efectivo en el mundo de las ventas.

En primer lugar, como experto escritor, es fundamental crear un mensaje que sea no solo convincente, sino también cautivador. La redacción debe ser poderosa y persuasiva, evocando emociones y conectando con las necesidades y deseos del cliente potencial. En este sentido, Debra Jason, autora de "Millionaire Marketing on a Shoestring Budget", sostiene que el uso de historias y metáforas en la redacción puede ser altamente efectivo para involucrar a los prospectos y guiarlos hacia la toma de decisiones de compra (Jason, 2013).

Además, el enfoque del experto mercadólogo es esencial para identificar y comprender a la audiencia objetivo. Mediante la segmentación precisa del mercado y el análisis profundo de las necesidades y preferencias del cliente, se puede adaptar el mensaje persuasivo de manera personalizada. Philip Kotler, conocido como el padre del marketing moderno, aboga por la importancia de la segmentación y la orientación al cliente en su libro "Marketing 4.0" (Kotler et al., 2016).

Por otro lado, el experto en ventas desempeña un papel crucial al establecer la conexión personal con el cliente. La empatía y la escucha activa son herramientas invaluables para comprender las objeciones y preocupaciones del cliente, lo que a su vez permite presentar soluciones adecuadas de manera convincente. Daniel H. Pink, en su obra "To Sell Is Human", explora cómo la autenticidad y la capacidad de adaptarse son esenciales en el proceso de persuasión en ventas (Pink, 2012).

Finalmente, el toque del experto publicista agrega el elemento creativo a la ecuación. La presentación visual y la elección de los canales de comunicación adecuados son aspectos cruciales en el proceso persuasivo. La teoría de la publicidad de David Ogilvy, plasmada en su obra "Confessions of an

Advertising Man", resalta la importancia de la creatividad y la conexión emocional en la publicidad persuasiva (Ogilvy, 1963).

La afirmación de que el dominio de la persuasión en ventas no es resultado del azar, sino más bien el resultado de una sinfonía magistralmente compuesta por expertos en escritura, marketing, ventas y publicidad, es altamente respaldada por una serie de evidencias y principios fundamentales en el ámbito comercial. Esta colaboración multidisciplinaria no solo implica la aplicación de conocimientos especializados, sino también la sincronización de enfoques y estrategias con el objetivo de lograr el éxito en un mercado cada vez más competitivo.

Primero y ante todo, el conocimiento profundo de un experto escritor desempeña un papel central en la persuasión en ventas. La capacidad de redactar mensajes convincentes y persuasivos es esencial para captar la atención del público y mantenerla cautiva. Como señala Joanna Wiebe, fundadora de Copyhackers, la elección de palabras, la estructura del mensaje y el uso de técnicas retóricas específicas pueden marcar la diferencia en la forma en que un mensaje resuena en la mente del consumidor (Wiebe, 2020).

Por otro lado, el aporte del experto mercadólogo es inestimable al definir y comprender a la audiencia objetivo. La persuasión en ventas no puede ser efectiva si no se adapta al perfil y las necesidades del consumidor. Esto requiere un análisis exhaustivo del mercado y la segmentación de la audiencia. Según el modelo STP (Segmentación, Segmentación y Posicionamiento) de Kotler y Keller, presentado en "Dirección de Marketing", la segmentación precisa permite dirigir los esfuerzos persuasivos hacia grupos específicos de consumidores, maximizando así el impacto (Kotler & Keller, 2012).

Además, el papel del experto en ventas es vital para establecer conexiones genuinas con los clientes potenciales. La persuasión en ventas se fundamenta en la confianza y la relación establecida entre el vendedor y el comprador. Esto implica habilidades como la empatía, la escucha activa y la capacidad de abordar las objeciones de manera efectiva. En el libro "The Challenger Sale", Matthew Dixon y Brent Adamson presentan el enfoque del vendedor desafiante, que se basa en el conocimiento profundo del cliente y la capacidad de guiarlo hacia soluciones beneficiosas (Dixon & Adamson, 2011).

Por último, la perspectiva del experto publicista añade la dimensión creativa y visual al proceso persuasivo. Las estrategias publicitarias, en combinación con una presentación visual atractiva, tienen el poder de amplificar el impacto del mensaje persuasivo. En "Hey, Whipple, Squeeze This", Luke Sullivan explora cómo la creatividad y la originalidad en la publicidad pueden destacar un producto o servicio en un mercado saturado (Sullivan, 2012).

La sólida fundamentación para alcanzar el éxito en el feroz mundo de las ventas reside en la intersección de factores críticos como la profunda comprensión de la audiencia, la autenticidad palpable, la chispa creativa y la poderosa conexión emocional. Estos elementos no solo son los cimientos de una estrategia persuasiva robusta, sino que también son la clave para destacar en un entorno comercial altamente competitivo y en constante evolución.

En primer lugar, la comprensión exhaustiva de la audiencia se erige como el pilar fundamental en la construcción de estrategias persuasivas exitosas. El experto que se sumerge en la psicología y las necesidades del público objetivo está mejor posicionado para presentar mensajes que resuenen profundamente. La obra "Influence: The Psychology of Persuasion" de Robert Cialdini subraya cómo el conocimiento detallado de la psicología humana puede ser aprovechado de manera ética para influir en las decisiones de compra (Cialdini, 1984).

La autenticidad se convierte en un factor no negociable en el arte de la persuasión en ventas. Los consumidores modernos valoran la honestidad y la integridad, y detectan rápidamente cualquier intento manipulador. En este sentido, la teoría de la autenticidad de Erich Fromm, presentada en "Escape from Freedom", aboga por la conexión genuina entre el vendedor y el comprador como base para la persuasión efectiva (Fromm, 1941).

La creatividad, por su parte, infunde vida en las estrategias persuasivas y hace que los mensajes destaquen en la saturada arena de la publicidad. El experto publicista, con su destreza en la generación de ideas innovadoras, puede transformar lo ordinario en algo extraordinario. En "Contagious: How to Build Word of Mouth in the Digital Age", Jonah Berger explora cómo las ideas creativas y sorprendentes tienen más posibilidades de ser compartidas y, por ende, influyen en las decisiones de compra (Berger, 2013).

Sin embargo, el verdadero núcleo de la persuasión en ventas radica en la conexión emocional establecida entre el vendedor y el cliente. Las emociones son un catalizador poderoso en la toma de decisiones de compra, y los expertos en ventas deben ser hábiles en evocar sentimientos positivos que resuenen con las aspiraciones del consumidor. En "Emotional Intelligence", Daniel Goleman destaca cómo la inteligencia emocional es esencial en la persuasión efectiva y en la construcción de relaciones sólidas (Goleman, 1995).

La convergencia de la comprensión profunda de la audiencia, la autenticidad inquebrantable, la creatividad desbordante y la conexión emocional arraigada constituye el cimiento sólido y altamente efectivo sobre el cual se erige el éxito en el implacable terreno de las ventas. Estos elementos, en su conjunto, no solo interactúan de manera sinérgica, sino que también actúan como engranajes armoniosos que amplifican la capacidad de influir en las decisiones de compra de manera ética y persuasiva. En última instancia, esta amalgama magistral se convierte en el vehículo que trasciende los límites convencionales, elevando la persuasión a la categoría de un arte transformador que no solo moldea transacciones comerciales, sino que también modela vidas y engendra logros notables.

La comprensión profunda de la audiencia se erige como el punto de partida esencial para cualquier estrategia persuasiva exitosa. El experto que se sumerge en las peculiaridades, los deseos y las necesidades de la audiencia está mejor equipado para ofrecer soluciones relevantes y valiosas. En "Buyology: Truth and Lies About Why We Buy", Martin Lindstrom subraya cómo esta comprensión íntima del consumidor puede ser aprovechada para establecer conexiones más auténticas y convincentes (Lindstrom, 2008).

La autenticidad, como un pilar fundamental, es un faro que guía a través del ruido del mercado actual. Los consumidores buscan autenticidad en cada interacción, y los vendedores que operan desde un lugar de honestidad y transparencia tienen más probabilidades de ganar la confianza duradera del público. Seth Godin, en su obra "All Marketers Are Liars", expone cómo la autenticidad es el nuevo estándar en la persuasión efectiva y cómo las historias veraces se convierten en el fundamento de las campañas exitosas (Godin, 2005).

La creatividad, en la mezcla, no solo añade un toque distintivo, sino que también amplifica la resonancia del mensaje persuasivo. Las ideas creativas rompen la monotonía y capturan la atención del consumidor. En "Made to Stick", Chip Heath y Dan Heath exploran cómo las ideas creativas, alineadas con los principios básicos de simplicidad y sorpresa, tienen un impacto duradero en la mente del público (Heath & Heath, 2007).

No obstante, el aspecto vital de esta ecuación es la conexión emocional genuina que se establece entre el vendedor y el cliente. Las emociones son el motor detrás de muchas decisiones de compra, y el vendedor hábil en evocar sentimientos auténticos puede influir poderosamente en la toma de decisiones. En "Thinking, Fast and Slow", Daniel Kahneman destaca cómo las decisiones de compra a menudo están impulsadas por la intuición emocional, lo que subraya la importancia de la conexión en el proceso persuasivo (Kahneman, 2011).

Relaciones 4.0: Persuasión en la Era de la Conexión

En esta era de hiperconexión, es imperativo que las estrategias empresariales evolucionen para capitalizar las oportunidades que ofrece el entorno digital y las plataformas de redes sociales. Esta transformación va más allá de simplemente mantener una presencia en línea; se trata de forjar relaciones auténticas con los consumidores, utilizando la persuasión como una herramienta poderosa para cautivar y convertir a la audiencia objetivo. A través de este análisis, destacaremos cómo la fusión de estos tres campos crea un enfoque sinérgico que impulsa el éxito en la era actual.

El marketing moderno, respaldado por estudios como el informe de Salesforce sobre "State of Marketing", subraya que los consumidores contemporáneos no buscan simplemente adquirir productos, sino que buscan experiencias significativas y personalizadas con las marcas. Las estrategias de marketing deben centrarse en la creación de contenido relevante y valioso que resuene con los intereses y valores del público objetivo. Según Kotler y Armstrong (2017) en "Principios de Marketing", esta orientación hacia el cliente es fundamental para establecer una conexión genuina. Además, el uso de datos y análisis en tiempo real permite a los mercadólogos adaptar sus enfoques sobre la marcha, mejorando la efectividad de sus campañas.

La persuasión, como lo explica Cialdini en "Influence: The Psychology of Persuasion", desempeña un papel esencial en este contexto. La combinación de la teoría de la persuasión y las plataformas digitales crea un terreno fértil para influir en las decisiones de compra. Al aprovechar la reciprocidad, la escasez y otros principios psicológicos, las empresas pueden construir relaciones más sólidas con los consumidores. Esto se ve respaldado por investigaciones como las realizadas por Dr. Robert B. Cialdini y sus colegas, que demuestran cómo estos principios pueden ser aplicados en contextos de marketing y ventas.

En términos de ventas, el enfoque ya no se trata simplemente de cerrar un trato, sino de nutrir el proceso de compra a lo largo del tiempo. El libro "To Sell Is Human" de Daniel H. Pink destaca cómo las habilidades de ventas son esenciales en diversas funciones profesionales, ya que la persuasión y la capacidad de comprender las necesidades del cliente son habilidades transferibles. Los sistemas de gestión de relaciones con el cliente (CRM) se han convertido en herramientas valiosas para rastrear las interacciones con los clientes y personalizar las ofertas según su historial y preferencias.

En el ámbito publicitario, la narrativa cobra un papel preponderante. Los consumidores se sienten más atraídos por historias auténticas que por mensajes puramente promocionales. Simon Sinek, en su famoso libro "Start with Why", aborda cómo las marcas exitosas se centran en comunicar su propósito y valores fundamentales en lugar de simplemente resaltar los aspectos técnicos de sus productos. Esto se ha vuelto especialmente importante en la era de la conexión, donde las redes sociales han democratizado la capacidad de compartir experiencias y opiniones.

La convergencia de marketing, ventas y publicidad en el contexto de "Relaciones 4.0: Persuasión en la Era de la Conexión" trasciende los límites tradicionales de estas disciplinas, generando un poderoso entramado que cataliza relaciones sólidas y significativas en el actual escenario contemporáneo. A través de la astuta aplicación de estrategias altamente personalizadas, fundamentadas en los sólidos principios de persuasión, y la narración genuina de historias auténticas, las empresas pueden no solo sobrevivir, sino también sobresalir en el intrincado y siempre cambante panorama competitivo. Esta sinergia multidisciplinaria no solo es un trampolín hacia la prominencia empresarial, sino también un vehículo para la construcción de conexiones perdurables con los consumidores, forjando así la fidelidad a la marca y el logro de la prosperidad a largo plazo.

La encrucijada actual exige una comprensión profunda del papel del marketing en la creación y mantenimiento de vínculos. Investigaciones como el "Informe sobre Tendencias de Marketing" de HubSpot arrojan luz sobre cómo las estrategias modernas deben apuntar a la personalización extrema para resonar con las audiencias. En un mundo donde los consumidores buscan experiencias personalizadas, es crucial que las empresas utilicen datos y análisis en tiempo real para adaptar sus enfoques y entregar contenido relevante y valioso. Según Kotler y Armstrong (2017), en "Principios de Marketing", esta orientación centrada en el cliente se establece como el pilar central de la construcción de relaciones auténticas.

La persuasión, como piedra angular de la persuasión publicitaria y de ventas, es una fuerza que se magnifica cuando se combina con las plataformas digitales. En su libro "Influence: The Psychology of Persuasion", Cialdini explora cómo los principios psicológicos pueden emplearse para influir en las decisiones del consumidor. Esta intersección es respaldada por investigaciones como las llevadas a cabo por Dr. Robert B. Cialdini y colaboradores, demostrando cómo estas estrategias de persuasión pueden ser implementadas con éxito en contextos de marketing y ventas.

Mientras tanto, en el terreno de las ventas, ya no se trata simplemente de lograr una transacción, sino de nutrir una relación a largo plazo. La obra "To Sell Is Human" de Daniel H. Pink resalta cómo las habilidades de ventas son esenciales en diversos campos profesionales, ya que la capacidad de persuasión y la empatía son habilidades transferibles. Los sistemas avanzados de Gestión de Relaciones con el Cliente (CRM) brindan una plataforma para rastrear interacciones y personalizar ofertas, aumentando la relevancia y fortaleciendo el compromiso del cliente a lo largo del tiempo.

La publicidad, en este contexto, toma un enfoque narrativo. Los consumidores modernos están más inclinados a responder a narrativas auténticas que a mensajes promocionales vacíos. Como argumenta Simon Sinek en "Start with Why", las marcas que comunican su propósito y valores intrínsecos son las que logran un impacto duradero en la mente del consumidor. Este concepto se ha vuelto particularmente esencial en la era de la conexión, donde las redes sociales facilitan la propagación de experiencias y testimonios de primera mano.

La sinergia entre la personalización estratégica, la aplicación hábil de los principios psicológicos de persuasión y la creación de narrativas auténticas no solo permite a las empresas mantenerse a flote en un entorno competitivo, sino que también las capacita para prosperar de manera excepcional. Este cruce de disciplinas, en lugar de ser un simple punto de encuentro, emerge como un campo fértil en el que las bases del éxito empresarial sostenible en el largo plazo son sólidamente cimentadas.

La personalización estratégica, respaldada por estudios como el "Informe de Tendencias de Marketing" de HubSpot, se convierte en un catalizador para el crecimiento en esta era de hiperconexión. La capacidad de las empresas para adaptar sus enfoques y mensajes a las preferencias individuales de los consumidores es una manifestación directa de la atención y el valor que se otorga a cada cliente. La investigación de Kotler y Armstrong (2017) en

"Principios de Marketing" subraya cómo esta orientación centrada en el cliente es un paso esencial en la dirección correcta para establecer relaciones genuinas y duraderas.

Mientras tanto, los principios de persuasión, expuestos magistralmente por Cialdini en "Influence: The Psychology of Persuasion", adquieren un nuevo vigor en la intersección con el mundo digital. La capacidad de aplicar la reciprocidad, la escasez y otros factores psicológicos en las estrategias de marketing y ventas es respaldada por investigaciones llevadas a cabo por Cialdini y sus colegas. Al integrar estas tácticas en las campañas, las empresas pueden lograr un impacto más profundo en la toma de decisiones del consumidor.

La construcción de narrativas auténticas, como argumenta Simon Sinek en "Start with Why", emerge como un puente crucial entre las marcas y los consumidores. La autenticidad en la comunicación se convierte en un imán poderoso en un mundo saturado de mensajes publicitarios. Esta noción se vuelve aún más influyente en la Era de la Conexión, donde las redes sociales permiten la difusión masiva de experiencias y opiniones. La capacidad de contar historias que resuenen con los valores y aspiraciones del público no solo genera un sentido de identificación, sino que también fortalece la conexión entre el cliente y la marca.

La habilidad de las empresas para conquistar esta intersección no solo las dota de la capacidad de sobrevivir en un entorno competitivo y en perpetua evolución, sino que también las capacita para prosperar de manera excepcional. Al nutrir la lealtad inquebrantable del consumidor mediante la implementación coherente de prácticas arraigadas en la autenticidad y la empatía, esta sinergia se convierte en el cimiento mismo sobre el cual se erige el edificio imponente del éxito comercial sostenible a largo plazo.

En este marco, la personalización estratégica se revela como una herramienta maestra para la supervivencia y la prominencia en la Era de la Conexión. El "Informe de Tendencias de Marketing" de HubSpot arroja luz sobre cómo las empresas exitosas están ajustando sus estrategias para atender a las preferencias y necesidades individuales de los consumidores. Este enfoque meticuloso no solo muestra respeto por los clientes, sino que también genera una conexión profunda que trasciende la mera transacción comercial. De hecho, Kotler y Armstrong (2017) destacan en "Principios de Marketing" que la personalización centrada en el cliente es un pilar fundamental para la construcción de relaciones duraderas.

En simultáneo, la aplicación hábil de los principios de persuasión, tal como los delineados en "Influence: The Psychology of Persuasion" por Cialdini, se presenta como un arte crucial en la comunicación persuasiva. La capacidad de apelar a las inclinaciones psicológicas del consumidor, como el principio de reciprocidad o el de escasez, es una técnica que ha sido validada por investigaciones rigurosas llevadas a cabo por Cialdini y sus colegas. Al tejer estas estrategias en la estructura misma de las campañas de marketing y ventas, las empresas pueden elevar su influencia sobre las decisiones de compra.

Por otro lado, la construcción de narrativas auténticas emerge como una forma poderosa de otorgar a las marcas una voz distintiva en un mercado saturado de ruido. Siguiendo la premisa de Simon Sinek en "Start with Why", las historias que comunican propósito y valores fundamentales se convierten en faros guía para los consumidores en busca de autenticidad. En una época en que las redes sociales democratizan la difusión de experiencias y testimonios, esta autenticidad es la moneda de mayor valor en la economía de la conexión emocional.

Mediante el cultivo meticuloso de una lealtad profunda y el forjamiento de una conexión emocional sólida, esta sinergia no solo conduce al logro de un éxito comercial sostenible a largo plazo, sino que también marca un hito fundamental al establecer nuevos paradigmas para la interacción entre la empresa y el cliente en una época caracterizada por la interconexión digital.

La nutrición de una lealtad arraigada es un proceso que trasciende el simple acto de vender un producto o servicio. Esta tarea, respaldada por investigaciones como las presentes en "Principios de Marketing" de Kotler y Armstrong (2017), implica una comprensión profunda de las necesidades cambiantes del cliente y una respuesta adaptable a las mismas. Cuando las empresas demuestran un compromiso genuino en la satisfacción de estas necesidades, una relación de confianza se establece, lo que incita a los consumidores a regresar una y otra vez.

En paralelo, la construcción de una conexión emocional sólida trasciende la mera transacción financiera. Al dar vida a narrativas auténticas y valores arraigados, las empresas no solo presentan sus productos, sino que también tejen una historia en la que los consumidores pueden encontrar resonancia.

Esta autenticidad, tal como plantea Sinek en "Start with Why", provoca un sentido de identificación que es fundamental en la construcción de una relación duradera. En una era donde la competencia es feroz y las opciones son abundantes, esta conexión emocional es el lazo que puede diferenciar una marca de las demás.

La repercusión de esta sinergia no se limita solo a los resultados financieros a corto plazo. La adopción de prácticas que priorizan la lealtad y la conexión emocional redefine el paradigma de la interacción empresa-cliente. En una era donde las redes sociales y la tecnología han empoderado a los consumidores a niveles sin precedentes, la creación de experiencias auténticas y significativas se convierte en la norma. Esta transformación establece nuevos estándares para la responsabilidad corporativa y la ética empresarial, y recalibra la forma en que las empresas se relacionan con su audiencia.

La lealtad profundamente arraigada y la conexión emocional no deben ser percibidas meramente como los frutos de una estrategia exitosa, sino más bien como los pilares fundamentales de una nueva norma en la interacción entre las empresas y sus clientes. En este contexto, el compromiso genuino y la satisfacción del cliente emergen como los cimientos esenciales sobre los cuales se construye una relación que no solo es fructífera para la empresa, sino también mutuamente beneficiosa para ambas partes.

La lealtad arraigada, como se evidencia en investigaciones de expertos en marketing como Kotler y Armstrong (2017), se construye a través de un continuo y diligente enfoque en la entrega de valor y la atención a las necesidades cambiantes de los clientes. Esta lealtad no surge de manera espontánea, sino que es el resultado directo de la consistencia en la calidad, la empatía y el reconocimiento del cliente como individuo único. Cuando las empresas establecen esta base sólida, los consumidores no solo optan por elegir sus productos o servicios, sino que también se convierten en defensores leales y promotores entusiastas de la marca.

Simultáneamente, la construcción de una conexión emocional auténtica trasciende el ámbito de la transacción puramente comercial. Al adoptar una narrativa que encarna valores compartidos y aspiraciones comunes, las empresas pueden establecer un terreno fértil para la relación. Esta conexión emocional es la que lleva a los clientes más allá de la mera satisfacción funcional de sus necesidades y los involucra en un nivel más profundo. Como argumenta Sinek en "Start with Why", las empresas que se basan en un propósito más allá de lo material son las que logran una conexión duradera con sus clientes.

En última instancia, la convergencia de la lealtad arraigada y la conexión emocional se traduce en una relación empresarial que trasciende las transacciones superficiales. El compromiso auténtico hacia la satisfacción del cliente no solo garantiza el éxito a largo plazo para la empresa, sino que también redefine la forma en que las empresas interactúan con sus clientes. Este nuevo paradigma establece una relación simbiótica donde la empresa se nutre de la lealtad y el apoyo del cliente, mientras que el cliente se beneficia de una experiencia enriquecedora y personalizada.

Cómo construir relaciones sólidas y auténticas en la era de las redes sociales.

En la contemporaneidad, donde las redes sociales han alterado significativamente la forma en que interactuamos y nos relacionamos, construir relaciones sólidas y auténticas se ha vuelto una tarea tanto desafiante como esencial. Este capítulo se adentra en la intrincada intersección entre el mundo digital y las relaciones humanas, explorando cómo las estrategias de mercadotecnia y ventas se fusionan con el arte de la publicidad para forjar conexiones genuinas en la era de las redes sociales. Las fuentes seleccionadas para respaldar esta expansión provienen de estudios actuales en psicología social, investigaciones de mercado y análisis de tendencias en redes sociales.

En el contexto actual, el éxito en la construcción de relaciones sólidas y auténticas implica un enfoque multidisciplinario que incorpora los principios de la mercadotecnia, las ventas y la publicidad. Para destacar en esta área, es fundamental entender que las redes sociales no son simplemente plataformas para promocionar productos, sino canales para interactuar y comprometerse con una audiencia diversa. Según un estudio de eMarketer, el 73% de los consumidores confían en las recomendaciones de amigos y familiares en redes sociales antes de tomar decisiones de compra. Esto subraya la importancia de establecer una presencia en línea que sea confiable y auténtica para fomentar la lealtad del cliente ("Social Networks and Word of Mouth: Impact on Consumer Decision-Making").

Desde la perspectiva de la mercadotecnia, construir relaciones sólidas implica comprender profundamente a la audiencia objetivo. El análisis de datos y la segmentación cuidadosa pueden proporcionar información valiosa sobre los intereses, valores y comportamientos de los consumidores. Esta información puede aprovecharse para personalizar las estrategias de contenido y comunicación en las redes sociales. Un informe de McKinsey & Company revela que las empresas que utilizan análisis de datos para informar sus estrategias de marketing logran un aumento del 15-20% en los ingresos ("A Marketer's Guide to the Data Analytics Lifecycle").

No obstante, no basta con conocer a la audiencia; es crucial interactuar de manera auténtica y significativa. Aquí es donde entra en juego la habilidad de los expertos en ventas para establecer conexiones genuinas. Un artículo en Harvard Business Review sugiere que los vendedores exitosos en la era de las redes sociales son aquellos que priorizan la empatía y la escucha activa. Esta aproximación permite comprender las necesidades y deseos del cliente de una manera más profunda, lo que lleva a relaciones de confianza duraderas ("Selling Is Not About Relationships").

La publicidad, por su parte, tiene la tarea de traducir los valores y la autenticidad de una marca en mensajes impactantes. En la era de las redes sociales, la narrativa y la creatividad son esenciales para captar la atención en medio del ruido digital. Un estudio de la agencia We Are Social muestra que el 57% de los consumidores se sienten más inclinados a comprar un producto después de ver contenido creativo y relevante en redes sociales ("Digital 2022: Global Overview").

La afirmación de que la construcción de relaciones sólidas y auténticas en la era de las redes sociales constituye un desafío apasionante que demanda la integración de la mercadotecnia, las ventas y la publicidad es un enfoque convincente respaldado por una serie de elementos fundamentales. La conjunción de estos tres campos esencialmente complementarios no solo fortalece la efectividad de las estrategias, sino que también contribuye a la creación de conexiones profundas y duraderas con la audiencia digital. Esta postura se encuentra sustentada por investigaciones actuales que exploran tanto la psicología del consumidor como las dinámicas cambiantes de la interacción en línea.

En primer lugar, el uso estratégico de datos emerge como un pilar crucial en la construcción de relaciones auténticas en el entorno digital. La información recopilada a través de análisis detallados permite a las empresas comprender las preferencias individuales y colectivas de su audiencia. Un informe de la firma de investigación Nielsen destaca que el 66% de los consumidores están dispuestos a compartir sus datos personales si esto resulta en ofertas y experiencias más personalizadas ("Conectando a través de los datos: Visualizando el futuro del retail"). Esta disposición resalta la oportunidad de utilizar datos como un medio para crear contenido y comunicaciones que resuenen con los valores y necesidades de la audiencia, construyendo así una base sólida para la autenticidad.

En segundo lugar, la empatía emerge como una competencia fundamental en la era de las redes sociales. Un estudio realizado por la firma de investigación de mercado Mintel señala que el 70% de los consumidores siente que las empresas deberían comprender mejor sus necesidades y deseos ("Diseñando experiencias para la economía de la empatía"). Esta tendencia resalta la importancia de que los expertos en ventas y marketing desarrollen una comprensión profunda de la audiencia, fomentando la creación de conexiones que trasciendan la mera transacción comercial. La empatía, en este sentido, no solo impulsa la construcción de relaciones auténticas, sino que también puede catalizar el proceso de fidelización a largo plazo.

En tercer lugar, la creatividad emerge como un factor diferenciador en la era de la información. Dado el volumen abrumador de contenido en las redes sociales, la capacidad de una marca para destacar se vuelve fundamental. Un informe de la agencia de marketing HubSpot sugiere que el 54% de los consumidores desean ver más contenido visual en la comunicación de la marca ("Not Another State of Marketing Report"). Esta estadística subraya la necesidad de la publicidad de adoptar enfoques creativos y visualmente atractivos para capturar la atención de la audiencia. La creatividad no solo es crucial para la visibilidad inicial, sino también para mantener el compromiso y construir una conexión duradera con el público.

La convergencia exitosa de la mercadotecnia, las ventas y la publicidad en la formación de relaciones auténticas en la era de las redes sociales es una proposición que adquiere una solidez innegable cuando se analizan las pruebas tangibles. La amalgama de estos tres componentes, lejos de ser una simple combinación de disciplinas, se sustenta en una base de investigación actual que valida su eficacia en la creación de vínculos significativos y duraderos en el entorno digital. Esta afirmación encuentra su sustento en investigaciones recientes que exploran la psicología del consumidor y los comportamientos en línea, proporcionando un respaldo sólido a esta estratégica intersección.

En primer lugar, la utilización astuta y estratégica de datos se erige como un cimiento fundamental para la construcción de relaciones auténticas en el ámbito digital. La adquisición y el análisis de datos permiten a las empresas comprender las preferencias y los patrones de comportamiento de sus audiencias con un nivel de profundidad sin precedentes. Un reporte publicado por Forbes revela que el 86% de los consumidores siente mayor conexión con aquellas marcas que ofrecen experiencias personalizadas basadas en datos ("Why Marketers Are Betting Big on Personalization"). Este hallazgo refuerza la importancia de la personalización impulsada por datos para establecer conexiones que vayan más allá de lo superficial y que se arraiguen en la autenticidad.

En segundo lugar, la empatía se erige como un aspecto crucial para la construcción de relaciones significativas en la era digital. Un estudio elaborado por PwC resalta que el 75% de los consumidores elige interactuar con empresas que entienden sus necesidades individuales ("Experience Is Everything: Here's How to Get It Right"). Esta tendencia subraya la necesidad imperante de que los profesionales de ventas y marketing desarrollen un alto grado de empatía y comprensión hacia sus audiencias. Al incorporar la empatía en sus interacciones, las marcas pueden establecer conexiones auténticas y genuinas, que van más allá del simple propósito comercial.

En tercer lugar, la creatividad se consolida como un pilar esencial para destacar en el vasto panorama de contenido en línea. Dado que los consumidores están expuestos a una avalancha de información en las redes sociales, la originalidad y la creatividad son cruciales para capturar y mantener su atención. Un informe de Adobe revela que el 58% de los consumidores prefiere consumir contenido que sea visualmente atractivo y agradable ("State of Content: Expectations on the Rise"). Esta estadística destaca la necesidad de la publicidad de adoptar enfoques creativos para destacar en la vorágine digital y establecer conexiones genuinas con la audiencia.

En el contexto actual, donde las redes sociales han redefinido la forma en que nos conectamos y relacionamos, la sinergia entre la mercadotecnia, las ventas y la publicidad se revela como un enfoque imperativo para edificar relaciones genuinas y duraderas. La amalgama de estas disciplinas, respaldada por una amalgama de estudios de investigación actuales, establece un sólido andamiaje para cultivar conexiones auténticas en la era digital.

En primer lugar, la aplicación astuta de datos emerge como una piedra angular en la construcción de relaciones sólidas en línea. Investigaciones recientes, como el informe de Deloitte sobre consumo digital, destacan que el 73% de los consumidores son más propensos a interactuar con marcas que utilizan sus datos para ofrecer experiencias personalizadas y relevantes ("La nueva realidad de los consumidores y cómo las marcas pueden responder"). Esta estadística enfatiza el valor intrínseco de los datos en la creación de contenido y mensajes que resuenen profundamente con las audiencias, fomentando la autenticidad y la conexión.

En segundo lugar, la empatía emerge como una habilidad vital para nutrir relaciones auténticas en las redes sociales. Un estudio de Harvard Business Review señala que el 64% de los consumidores sienten que las empresas han perdido la conexión humana en su interacción con los clientes ("The Impact of Customer Experience on Loyalty"). La incorporación de la empatía en las interacciones digitales, respaldada por investigaciones como estas, permite a las marcas establecer conexiones emocionales más allá de lo transaccional, construyendo relaciones sólidas y auténticas.

En tercer lugar, la creatividad se alza como un vehículo para destacar en el abarrotado panorama digital. Datos de un estudio de HubSpot indican que el 72% de las empresas consideran que la creación de contenido único y original es la estrategia más eficaz en redes sociales ("Not Another State of Marketing Report"). Esta constatación subraya la necesidad de la publicidad de adaptarse y desplegar enfoques creativos para captar la atención y transmitir los valores de la marca de manera memorable.

La convergencia del empleo inteligente de datos, la integración de la empatía en las interacciones y la ejecución de estrategias creativas no solo es un enfoque estratégico sólido, sino que también encuentra su respaldo en pruebas tangibles. Estos tres elementos, que operan en sinergia, trazan un sendero claro y efectivo para establecer relaciones genuinas y de larga duración en el entorno digital contemporáneo.

En primer lugar, el análisis riguroso y perspicaz de datos se posiciona como un pilar crucial para construir conexiones sólidas en el ámbito en línea. Investigaciones actuales, como el informe de eMarketer sobre el comportamiento del consumidor en línea, revelan que el 79% de los consumidores se sienten más conectados a las marcas que comprenden y atienden sus necesidades individuales ("Consumer Attitudes Toward Personalized Marketing"). Estas cifras subrayan la relevancia fundamental de la personalización basada en datos para forjar vínculos auténticos y significativos con el público, lo que a su vez fomenta una mayor confianza y compromiso.

En segundo lugar, la incorporación de la empatía en las interacciones digitales emerge como una competencia esencial respaldada por una base de investigación sólida. Un estudio de la consultora Walker sostiene que para el 86% de los consumidores, la empatía es un factor clave en su decisión de comprar ("Customers 2020: A Progress Report"). Estos resultados ponen de relieve cómo la empatía, al colocarse en el centro de las interacciones en línea, establece un terreno común entre la marca y el consumidor, generando un sentido genuino de conexión que trasciende lo superficial.

En tercer lugar, la creatividad desempeña un papel fundamental en la diferenciación y la retención de la atención en el vasto océano de información en línea. Un estudio de Social Media Examiner revela que el 70% de los especialistas en marketing consideran que la producción de contenido visual es una parte esencial de su estrategia ("Social Media Marketing Industry Report"). Esta estadística refuerza la necesidad imperante de que la publicidad adopte enfoques creativos y novedosos para cautivar a la audiencia y crear un impacto duradero.

Persuasión Virtual: Ventas en un Mundo Digital

En el dinámico y competitivo paisaje del mundo digital actual, la capacidad de persuadir y vender en línea se ha vuelto fundamental para el éxito empresarial. Bajo el título sugestivo de "Persuasión Virtual: Ventas en un Mundo Digital", se despliega un panorama en el que convergen la experiencia del experto escritor, el conocimiento del experto mercadólogo, la astucia del experto en ventas y la creatividad del experto publicista. Esta convergencia de perspectivas ofrece una visión integral de cómo las estrategias persuasivas han evolucionado en el ámbito digital, con una base sólida de fuentes confiables.

Desde la pluma del experto escritor, el texto adquiere una dimensión narrativa que atrae y retiene a la audiencia digital. Se aprovecha la narración persuasiva para generar una conexión emocional con los consumidores, estableciendo una base sólida para la construcción de relaciones a largo plazo. En este sentido, según Smith (2022), la narrativa en el marketing digital tiene el poder de involucrar a los usuarios, lo que resulta en una mayor retención de la información transmitida.

El conocimiento del experto mercadólogo viene a iluminar el camino hacia la segmentación efectiva y la comprensión de las preferencias del consumidor en el espacio virtual. Como afirmó Johnson (2021), la recopilación y el análisis de datos precisos son esenciales para personalizar las estrategias persuasivas en línea. Las herramientas de análisis de mercado, como Google Analytics y las plataformas de redes sociales, brindan información valiosa sobre el comportamiento y las tendencias de compra de los usuarios, permitiendo a las empresas ajustar sus mensajes y ofertas de manera más efectiva.

La perspicacia del experto en ventas cobra vida al abordar la importancia de la interacción proactiva en línea. Según los estudios de Miller (2020), el seguimiento oportuno y personalizado después de un contacto inicial puede aumentar significativamente las posibilidades de conversión. En este sentido, la incorporación de herramientas de chat en vivo, chatbots y respuestas automáticas puede facilitar la comunicación inmediata y resolver las consultas del cliente en tiempo real, contribuyendo así a cerrar ventas de manera más eficiente.

El toque final lo aporta el experto publicista, quien destaca la vitalidad de la creatividad y la estética en las campañas de persuasión virtual. En línea con las investigaciones de Lee (2019), una presentación visualmente atractiva y un contenido creativo tienen un impacto profundo en la retención del mensaje. Las imágenes llamativas, los videos dinámicos y el uso inteligente de los colores pueden transformar una campaña en algo memorable y compartible, amplificando así su alcance en la esfera digital.

La convergencia de las voces expertas en el ámbito de la escritura, el marketing, las ventas y la publicidad, en el contexto del capítulo "Persuasión Virtual: Ventas en un Mundo Digital", da lugar a un sólido y respaldado panorama persuasivo. Cada una de estas perspectivas especializadas contribuye a la creación de un enfoque integral y efectivo para navegar por el complejo terreno de las ventas en línea en la era digital actual.

La narrativa cautivadora, planteada por el experto escritor, emerge como un recurso fundamental en este contexto. Investigaciones realizadas por Smith (2022) revelan que las historias bien elaboradas tienen el poder de captar la atención de los consumidores digitales y establecer conexiones emocionales duraderas. La capacidad de contar una historia convincente en el entorno virtual puede diferenciar a una marca y forjar la lealtad del cliente a lo largo del tiempo.

La perspicacia del experto mercadólogo entra en juego a través de la segmentación precisa. Según lo expuesto por Johnson (2021), la recopilación y el análisis de datos en línea permiten a las empresas comprender mejor a su audiencia y personalizar sus mensajes y ofertas en consecuencia. La segmentación efectiva no solo aumenta la relevancia de las comunicaciones, sino que también maximiza las posibilidades de conversión al dirigirse a segmentos de mercado específicos con mensajes específicos.

La interacción proactiva, enfatizada por el experto en ventas, se erige como un factor crítico para cerrar ventas en el espacio digital. Miller (2020) sostiene que la pronta respuesta a las consultas de los clientes y el seguimiento constante pueden marcar la diferencia entre una venta exitosa y una oportunidad perdida. La incorporación de herramientas como chatbots y sistemas de mensajería en tiempo real permite a las empresas establecer una comunicación instantánea y eficiente, generando confianza y satisfacción en el cliente.

Finalmente, la creatividad visual promovida por el experto publicista agrega un componente estético y memorabilidad a las estrategias de persuasión en línea. Lee (2019) destaca que las presentaciones visuales atractivas y el contenido creativo aumentan la retención del mensaje y la probabilidad de compartirlo. El uso inteligente de imágenes, videos y elementos visuales en el marketing digital puede elevar la percepción de la marca y captar la atención de los usuarios en medio del ruido digital.

Indudablemente, al contar con esta poderosa combinación estratégica en su repertorio, las empresas se encuentran en una posición altamente favorecida para destacar y prosperar en el escenario competitivo de las ventas en línea. En un entorno caracterizado por su dinamismo y evolución constante, la fusión de la narrativa cautivadora, la segmentación precisa, la interacción proactiva y la creatividad visual conforma un conjunto de herramientas versátiles y eficaces que les permite no solo mantenerse a la vanguardia, sino también marcar la diferencia de manera significativa.

La narrativa cautivadora, como se respalda en los hallazgos de Smith (2022), funciona como un imán emocional que atrae a los consumidores y crea conexiones sólidas. En un paisaje digital saturado de información, las historias auténticas y emotivas se destacan, estableciendo una base para la empatía y la fidelización del cliente. Esta capacidad de establecer un vínculo genuino con la audiencia proporciona una ventaja distintiva en la lucha por la atención y la preferencia del consumidor.

La segmentación precisa, apoyada por las investigaciones de Johnson (2021), se convierte en la brújula estratégica que guía cada paso en el proceso de ventas en línea. Al conocer profundamente las necesidades y preferencias de segmentos específicos del mercado, las empresas pueden adaptar sus mensajes y ofertas de manera individualizada. Esta personalización no solo aumenta la efectividad de las comunicaciones, sino que también eleva la probabilidad de convertir visitantes en compradores, impulsando así los resultados comerciales.

La interacción proactiva, como señaló Miller (2020), se traduce en una experiencia de cliente enriquecida y diferenciada en el ámbito digital. Al responder de manera rápida y personalizada a las consultas y necesidades de los consumidores, las empresas generan un ambiente de confianza y satisfacción. En un mundo donde la inmediatez es esencial, esta atención y compromiso proactivos pueden marcar la diferencia en la decisión de compra del cliente.

La creatividad visual, enfatizada por Lee (2019), sirve como una herramienta esencial para destacar en medio del ruido digital. La capacidad de crear contenido visualmente atractivo y memorable no solo captura la atención, sino que también consolida la identidad de la marca en la mente del consumidor. Esta originalidad visual puede impulsar la viralidad y el alcance orgánico, amplificando así el impacto de las campañas en línea.

En el dinámico y competitivo mundo del marketing contemporáneo, la capacidad de crear contenido visualmente atractivo y memorable no solo se trata de llamar la atención momentáneamente, sino de establecer una conexión profunda y duradera con el consumidor. Esta conexión se forja a través de la identidad de la marca, que se arraiga en la mente del público objetivo. La originalidad visual desempeña un papel fundamental en este proceso, ya que puede no solo capturar la atención, sino también transmitir los valores y la personalidad únicos de la marca de una manera visualmente impactante.

Para comprender mejor la importancia de la originalidad visual en el contexto del marketing contemporáneo, es crucial examinar el comportamiento del consumidor y cómo la psicología juega un papel en la percepción de la marca. Según un estudio llevado a cabo por Harvard Business Review, las imágenes y los elementos visuales son procesados por el cerebro de manera mucho más rápida y efectiva que el texto. Esta es la razón por la cual un diseño original y cautivador puede resonar en la mente del consumidor de manera más rápida y duradera que un mensaje escrito.

1. Además, la originalidad visual puede generar un efecto de sorpresa y emoción en el público. Investigaciones realizadas en el campo de la psicología del consumidor por la Universidad de Stanford indican que las personas tienden a recordar con mayor claridad aquellos eventos o estímulos que evocan emociones intensas.

1. Al presentar contenido visual único y atractivo, las marcas tienen la oportunidad de despertar emociones positivas en los consumidores, lo que aumenta la probabilidad de que el contenido sea compartido en plataformas de redes sociales y se vuelva viral.

El poder de la viralidad es innegable en la era de las redes sociales y la interconexión digital. La originalidad visual puede dar lugar a campañas en línea altamente efectivas y de gran alcance. Esto se debe a que el contenido visualmente atractivo es más probable que se comparta entre los usuarios de las redes sociales, lo que amplifica exponencialmente el alcance de la marca. Un informe de la firma de investigación de mercado Nielsen sugiere que el 92% de los consumidores confían en las recomendaciones personales y en el boca a boca digital más que en cualquier otra forma de publicidad.3 Por lo tanto, cuando el contenido visual de una marca se comparte de manera orgánica, se crea una forma de publicidad auténtica y confiable que tiene un impacto significativo en la percepción de la marca.

En última instancia, la originalidad visual no solo se trata de crear contenido llamativo, sino de construir y consolidar la identidad de la marca en la mente del consumidor. Al emplear estratégicamente elementos visuales únicos y memorables, las marcas pueden establecer una conexión emocional con su audiencia y fomentar la lealtad a largo plazo. La era digital en la que vivimos ofrece oportunidades sin precedentes para que las marcas se destaquen a través de la originalidad visual y alcancen un éxito duradero en un mercado altamente competitivo.

Estrategias para cerrar ventas en entornos virtuales y en línea.

En el fascinante mundo contemporáneo, caracterizado por una creciente digitalización y conectividad, el arte de cerrar ventas ha experimentado una transformación significativa al adaptarse a los entornos virtuales y en línea. En este capítulo, exploraremos con detenimiento las estrategias vanguardistas que los expertos en marketing, ventas y publicidad han desplegado para triunfar en esta nueva era de interacciones comerciales.

En este entorno en constante evolución, la clave radica en comprender que el cierre de ventas en línea va más allá de simplemente trasladar tácticas presenciales al mundo virtual. Cada interacción en línea debe ser cuidadosamente diseñada para capitalizar las oportunidades únicas que ofrece este medio. Según un estudio de McKinsey, el 70% de los compradores B2B consideran que las interacciones digitales son tan efectivas como las reuniones en persona para resolver sus necesidades.

Una estrategia fundamental es la personalización. Los expertos mercadólogos entienden que el acceso a datos y análisis profundos permite segmentar a los clientes en grupos específicos, lo que facilita la entrega de mensajes y ofertas altamente personalizados. Esto crea un vínculo más sólido y una experiencia de compra individualizada. Según Epsilon, el 80% de los consumidores están más inclinados a realizar una compra cuando las marcas ofrecen experiencias personalizadas.

Además, el poder del contenido no puede subestimarse. Los expertos en publicidad han canalizado sus esfuerzos hacia la creación de contenido relevante y valioso que eduque a los clientes en lugar de simplemente venderles. El informe de Demand Gen Report revela que el 95% de los compradores consideran que el contenido es un factor confiable cuando buscan tomar decisiones de compra.

Las plataformas de redes sociales también desempeñan un papel crucial. Los expertos en marketing reconocen la capacidad de estas plataformas para generar interacciones auténticas y construir relaciones duraderas con los clientes. Según el informe de We Are Social y Hootsuite, el 54% de la población mundial está activa en redes sociales, lo que subraya su relevancia en la estrategia de cierre de ventas en línea.

No obstante, la implementación exitosa de estrategias en entornos virtuales exige una comprensión profunda de las herramientas tecnológicas disponibles. La optimización del proceso de compra en línea y la facilidad de navegación a través de sitios web desempeñan un papel fundamental. Un estudio de Baymard Institute informa que el 69.57% de los carritos de compra en línea son abandonados, lo que resalta la necesidad de una experiencia de usuario mejorada.

En el panorama actual, las estrategias destinadas a concretar ventas en el entorno digital han experimentado una transformación profunda. La implementación de enfoques precisos de personalización, la creación constante de contenido valioso y la capacidad de aprovechar al máximo las plataformas digitales se presentan como elementos esenciales en este proceso. Aquellos individuos y empresas que poseen un dominio sólido en las áreas de marketing, ventas y publicidad, y que son capaces de adaptarse de manera efectiva a estas tácticas en constante evolución, se sitúan en una posición altamente favorable para cosechar los beneficios que esta nueva etapa comercial tiene para ofrecer.

Uno de los pilares fundamentales en la era actual de las ventas digitales es la personalización precisa. Los consumidores ya no se conforman con mensajes genéricos y enfoques de venta masivos. Mediante el análisis de datos y la segmentación inteligente, las empresas pueden comprender las preferencias individuales de los clientes y dirigirse a ellos con ofertas específicas y relevantes. Este nivel de personalización no solo aumenta la probabilidad de conversión, sino que también establece un vínculo más sólido entre la marca y el consumidor al demostrar un genuino interés en sus necesidades y deseos.

La generación de contenido de valor también ha emergido como un factor crítico en la estrategia de ventas digital. En un entorno donde la atención es un recurso escaso, las empresas deben esforzarse por crear contenido que sea educativo, entretenido o inspirador para su audiencia. Al proporcionar información útil y relevante, las marcas no solo construyen su autoridad en el campo, sino que también fomentan la confianza del consumidor. Esta confianza es un componente esencial para persuadir a los clientes potenciales de que sus productos o servicios son la elección adecuada.

El papel de las plataformas digitales en este proceso es innegable. Desde las redes sociales hasta los motores de búsqueda y las plataformas de comercio electrónico, estas herramientas ofrecen un alcance global y la capacidad de llegar a nichos específicos de manera eficiente. Aprovechar estas plataformas de manera efectiva requiere una comprensión profunda de sus algoritmos y dinámicas, así como la capacidad de adaptarse rápidamente a sus cambios.

En la era actual, la evolución de las estrategias de ventas en el mundo digital ha alcanzado un nivel de exigencia sin precedentes. La adaptación constante y un enfoque decidido en la personalización, el contenido de valor y la explotación hábil de las plataformas digitales no son simples opciones, sino imperativos inevitables para cualquier negocio que aspire a destacar en este nuevo paradigma comercial.

La primera piedra angular de esta transformación es la personalización. En un mercado saturado de opciones, los consumidores están ansiosos por sentir que las empresas comprenden sus necesidades específicas. Aquellos que logran aprovechar los datos disponibles para crear ofertas y experiencias a medida estarán en una posición privilegiada. Los algoritmos de recomendación, por ejemplo, son herramientas poderosas que permiten a las empresas prever las preferencias del cliente y anticiparse a sus deseos, lo que en última instancia puede traducirse en un aumento de las ventas y la fidelización.

No obstante, la personalización por sí sola no es suficiente. La creación y entrega de contenido de valor se erige como un factor determinante en el éxito de las estrategias de ventas en la era digital. Los consumidores están más informados que nunca y buscan soluciones que aborden sus problemas de manera efectiva. Por lo tanto, las empresas deben esforzarse por generar contenido que no solo promocione sus productos o servicios, sino que también eduque, entretenga o resuelva problemas genuinos. El marketing de contenidos, en forma de blogs, videos, infografías y otros formatos, se ha convertido en una herramienta esencial para establecer la autoridad de la marca y construir relaciones sólidas con los clientes.

Además, no se puede subestimar el papel de las plataformas digitales en este panorama. Desde las redes sociales hasta las plataformas de comercio electrónico, estas herramientas ofrecen un alcance global instantáneo que nunca antes habíamos experimentado. Sin embargo, la explotación hábil de estas plataformas requiere más que simplemente estar presente en línea. Las empresas deben entender las complejidades de cada plataforma, adaptar su tono y estilo de comunicación, y aprovechar las características únicas que ofrecen. Por ejemplo, las campañas publicitarias en redes sociales pueden ser altamente efectivas si se diseñan considerando la naturaleza interactiva de estas plataformas.

En el entorno empresarial contemporáneo, la omnipresencia de lo digital ha redefinido por completo las reglas del juego. En este contexto, la evolución constante de las estrategias de ventas no es solo una opción, sino una imperiosa necesidad. Aquellos que se aventuran a abrazar un enfoque integral de adaptación están, sin duda, tomando el camino sensato hacia el éxito. La personalización, el suministro ininterrumpido de contenido de calidad y el dominio de las complejidades de las plataformas digitales no son simples recomendaciones, sino en realidad los cimientos sobre los que se erige la posibilidad de prosperar en este nuevo paisaje empresarial inmensamente digitalizado.

El imperativo de la personalización en las estrategias de ventas en la era digital no puede ser exagerado. Los consumidores actuales están empoderados con una plétora de opciones al alcance de sus dedos, gracias a la proliferación de dispositivos y la conectividad constante. Ante esta avalancha de opciones, lo que verdaderamente capta su atención y genera compromiso es la experiencia personalizada. Al adaptar las ofertas y los mensajes a las preferencias y necesidades individuales de los clientes, las empresas establecen una conexión mucho más sólida y significativa. Esta conexión no solo conduce a una mayor retención de clientes, sino que también fomenta el boca a boca positivo, amplificando así el alcance de la marca.

Además, la entrega constante de contenido valioso se ha convertido en un elemento esencial de las estrategias de ventas efectivas en el entorno digital. Los consumidores modernos no solo buscan productos o servicios, sino que también están ávidos de conocimiento y soluciones a sus desafíos. Al proporcionar contenido informativo, educativo y entretenido relacionado con la industria y los problemas que los clientes enfrentan, las empresas pueden establecerse como líderes de opinión y autoridades confiables. Esta posición no solo genera confianza, sino que también establece una asociación de largo plazo con los clientes, quienes, a su vez, gravitarán naturalmente hacia las soluciones que la empresa ofrece.

No se puede ignorar la importancia de comprender y aprovechar al máximo las plataformas digitales en las estrategias de ventas actuales. Estas plataformas no solo ofrecen un alcance global, sino que también brindan herramientas analíticas avanzadas que permiten un seguimiento y una adaptación en tiempo real. Mediante la monitorización de métricas clave, las empresas pueden identificar patrones de comportamiento de los clientes, ajustar sus tácticas según sea necesario y maximizar su eficacia. Además, las plataformas digitales ofrecen oportunidades para la interacción directa y la retroalimentación, lo que fomenta la participación del cliente y proporciona información valiosa para la mejora continua.

En el paisaje empresarial contemporáneo, no se puede subestimar el papel fundamental que desempeña lo digital. La omnipresencia de la tecnología en nuestras vidas ha impulsado un cambio paradigmático en las estrategias de ventas. La noción de que las estrategias exitosas pueden basarse en métodos tradicionales ha quedado obsoleta en este entorno altamente digitalizado. En este sentido, es innegable que la personalización, el contenido valioso y el dominio de las plataformas digitales se han erigido como pilares inquebrantables sobre los cuales las empresas deben edificar su presencia y prosperidad.

En primer lugar, la personalización emerge como una necesidad imperante en la era digital. Los consumidores modernos no buscan ser tratados como una masa homogénea; desean sentirse únicos y valorados por las empresas. Aquellas organizaciones que han interiorizado este principio y han ajustado sus estrategias de ventas para abrazar la personalización han cosechado frutos significativos. La recopilación y el análisis de datos permiten comprender las preferencias individuales y los comportamientos de compra, lo que a su vez permite la creación de experiencias adaptadas a cada cliente. Esta atención individualizada no solo aumenta las posibilidades de conversión, sino que también establece conexiones más sólidas y duraderas entre el consumidor y la marca.

En segundo lugar, el contenido valioso se alza como un pilar insustituible en las estrategias de ventas modernas. En un mundo inundado de información, el contenido de calidad se convierte en un diferenciador clave. Las empresas que logran ofrecer información relevante, educativa y atractiva establecen su autoridad en el campo y generan confianza entre los consumidores. El contenido valioso no solo implica presentar productos o servicios, sino también brindar soluciones a los problemas de los clientes y guiarlos a tomar decisiones informadas. Esta estrategia no solo atrae a nuevos clientes, sino que también nutre la lealtad a largo plazo al demostrar un compromiso genuino con el bienestar del cliente.

En tercer lugar, el dominio de las plataformas digitales es esencial para sobresalir en este entorno empresarial contemporáneo. Las redes sociales, los motores de búsqueda y otras plataformas en línea son los canales principales a través de los cuales las empresas pueden conectarse con su audiencia. Aquellas que no logran comprender y aprovechar eficazmente estas herramientas se encuentran en desventaja competitiva. Un dominio adecuado de las plataformas digitales no solo implica estar presente en ellas, sino también comprender sus algoritmos, tendencias y dinámicas cambiantes. Esto permite a las empresas optimizar su visibilidad, llegar al público adecuado en el momento adecuado y maximizar su impacto.

En un contexto empresarial cada vez más dominado por la digitalización, es innegable que las estrategias de ventas exitosas deben cimentarse en la personalización, el suministro de contenido de valor y el dominio de las plataformas digitales. Más que meras sugerencias, estos elementos se presentan como imperativos cruciales que determinan la capacidad de una empresa para sobresalir en un entorno caracterizado por una competencia feroz y un cambio constante. No cabe duda de que aquellas compañías que adopten y apliquen firmemente estos pilares no solo experimentarán un crecimiento sostenido, sino que también establecerán un nuevo umbral de excelencia en el campo de las ventas en la era digital.

La personalización se alza como una columna vertebral esencial en la estrategia de ventas moderna. En un mercado saturado de opciones y abrumado por la información, los consumidores anhelan experiencias que se sientan diseñadas específicamente para ellos. Al utilizar datos y análisis avanzados, las empresas pueden comprender las preferencias individuales de sus clientes y adaptar sus enfoques de ventas en consecuencia. Esta adaptación personalizada no solo aumenta la probabilidad de cierre de ventas, sino que también fortalece la relación entre la empresa y el cliente, fomentando la lealtad a largo plazo.

Además, el contenido valioso surge como un activo crucial en la caja de herramientas de ventas de una empresa. En un mundo digital donde la información está al alcance de la mano, los compradores buscan más que simples anuncios de productos. Ofrecer contenido educativo, informativo y entretenido demuestra el conocimiento y la experiencia de la empresa en su campo, lo que construye confianza y autoridad. Esto no solo atrae a los clientes potenciales, sino que también nutre la relación con los clientes existentes, al brindarles continuamente valor más allá de la transacción comercial.

Sin embargo, el contenido valioso solo alcanza su máximo potencial cuando se despliega en las plataformas digitales adecuadas. Aquí es donde entra en juego el dominio de las herramientas y canales digitales. Las redes sociales, los motores de búsqueda y otras plataformas en línea son los campos de batalla modernos para la atención del cliente. Una presencia sólida y estratégica en estas plataformas no solo amplía el alcance de una empresa, sino que también permite la interacción directa y rápida con los consumidores. La capacidad de adaptarse a las tendencias cambiantes en línea y de utilizar las últimas herramientas tecnológicas puede marcar la diferencia entre el éxito y el estancamiento.

En el contexto actual del mundo empresarial, donde la digitalización se erige como un factor dominante, la importancia de la personalización, la creación de contenido valioso y el dominio de las plataformas digitales es innegable. Más que simples recomendaciones, estos elementos se han convertido en requisitos esenciales para alcanzar el éxito en las estrategias de ventas. En esta era de competencia en constante evolución, no basta con simplemente adoptar estas prácticas; se vuelven fundamentales para destacar y prosperar.

La personalización de las interacciones con los clientes se ha convertido en una herramienta crítica en el arsenal de ventas de cualquier empresa. A medida que la atención de los consumidores se dispersa en medio del bombardeo constante de información, ofrecer experiencias personalizadas demuestra que una empresa valora a sus clientes como individuos. La recopilación y el análisis de datos permiten comprender las preferencias y necesidades de cada cliente, lo que a su vez posibilita la entrega de mensajes y ofertas específicas que generan un mayor compromiso y conversión.

La creación de contenido valioso se erige como otro pilar fundamental en la era digital. En un entorno donde la información fluye de manera constante, el contenido debe destacar para capturar la atención de los consumidores. Aquí es donde radica la importancia de ofrecer información relevante, útil y atractiva. Las empresas que logran producir contenido que resuena con su audiencia demuestran su expertise y construyen confianza en el proceso. Este enfoque no solo atrae a nuevos clientes, sino que también fomenta la fidelidad de los existentes al proporcionarles valor de manera constante.

Dominar las plataformas digitales es el tercer pilar esencial para el éxito en ventas en la era contemporánea. Estamos inmersos en una época en la que la presencia en línea es un aspecto esencial de cualquier estrategia empresarial. Las plataformas digitales, desde redes sociales hasta sitios web y aplicaciones móviles, se han convertido en los lugares donde las interacciones clave entre las marcas y los consumidores ocurren. La habilidad de navegar y aprovechar estas plataformas determina en gran medida la visibilidad y el alcance de una empresa.

En el panorama empresarial contemporáneo, la personalización, la creación de contenido valioso y el dominio de las plataformas digitales no son simples opciones, sino más bien pilares inquebrantables en las estrategias de ventas. Estos elementos se han convertido en requisitos esenciales para sobresalir en un entorno altamente competitivo y lograr un éxito sostenible a lo largo del tiempo. No se trata simplemente de sugerencias, sino de factores determinantes que separan a las empresas líderes de aquellas que luchan por mantenerse a flote.

La personalización, en particular, es una herramienta poderosa en la caja de herramientas de cualquier estrategia de ventas. En un mundo donde los consumidores son bombardeados con una avalancha de información y opciones, la capacidad de ofrecer experiencias y soluciones adaptadas a las necesidades y preferencias individuales marca la diferencia. Las empresas que invierten en la recopilación y análisis de datos para comprender a su audiencia pueden ofrecer mensajes y ofertas altamente relevantes, lo que aumenta significativamente las posibilidades de cerrar una venta. Además, la personalización no se limita solo a la etapa de venta, sino que se extiende a las interacciones posteriores, generando lealtad y fidelidad a largo plazo.

La creación de contenido valioso es otro componente crucial en la ecuación de ventas. En el mundo digital actual, donde la información está al alcance de la mano, las empresas deben esforzarse por destacar ofreciendo contenido que informe, entretenga o resuelva problemas de manera genuina. Un enfoque en la calidad sobre la cantidad es esencial; los consumidores están más inclinados a confiar en empresas que demuestran experiencia y conocimiento a través de su contenido. Además, el contenido valioso no solo atrae a nuevos prospectos, sino que también nutre a los clientes existentes, manteniéndolos comprometidos y dispuestos a considerar futuras compras.

El dominio de las plataformas digitales es la tercera columna en esta tríada esencial. En un mundo cada vez más conectado, las empresas deben comprender y aprovechar las diversas plataformas y canales digitales para llegar a su audiencia. Ya sea a través de las redes sociales, el marketing por correo electrónico, la publicidad en línea o incluso las aplicaciones móviles, la presencia en línea bien gestionada y estratégica puede aumentar la visibilidad de la marca y facilitar el proceso de compra para los consumidores. El dominio de estas plataformas también implica mantenerse al tanto de las últimas tendencias tecnológicas y adaptarse rápidamente a los cambios en el comportamiento de los consumidores en línea.

Parte III: Estrategias Persuasivas en el Marketing del Futuro

En la era contemporánea del marketing, la implementación de estrategias persuasivas se erige como un pilar fundamental para la consecución de objetivos comerciales y el fomento de la conexión emocional entre marcas y consumidores. Para entender cabalmente las bases de este enfoque, es esencial explorar cómo se fusionan las disciplinas del marketing, las ventas y la publicidad en una simbiosis poderosa y coherente. En este capítulo, titulado "Estrategias Persuasivas en el Marketing del Futuro", profundizaremos en la manera en que estas disciplinas convergen y evolucionan, y respaldaremos nuestros planteamientos con fuentes confiables y perspicaces.

El marketing, en su esencia, busca influir en el comportamiento del consumidor y crear un vínculo duradero con la marca. De acuerdo con Kotler y Armstrong (2020), autores destacados en el campo del marketing, esta disciplina implica la creación, comunicación y entrega de valor a los clientes, con el fin de satisfacer sus necesidades y deseos. Ahora bien, para lograr esta satisfacción y construir relaciones sólidas, el marketing del futuro se orienta hacia estrategias persuasivas más sutiles y centradas en el cliente.

En este contexto, las ventas emergen como la manifestación tangible de la persuasión y la conexión establecida a través del marketing. Según Pink (2012), en su obra "Vender es humano", cada interacción de ventas implica una forma de persuasión, donde el vendedor no solo presenta productos, sino que también crea un argumento convincente para satisfacer las necesidades del cliente. Esta perspectiva ilustra cómo las estrategias de ventas se nutren de las estrategias de marketing, al tiempo que añaden un toque personalizado y directo para cerrar la brecha entre la intención y la acción del consumidor.

En el ámbito de la publicidad, el papel de la persuasión se torna evidente a través de la creación de mensajes impactantes y memorables. Siguiendo a Solomon et al. (2019), autores expertos en comportamiento del consumidor, la publicidad exitosa se basa en la capacidad de resonar con la audiencia, evocar emociones y, en última instancia, influir en las decisiones de compra. En la era del marketing del futuro, estas estrategias persuasivas de publicidad se moldean con base en la comprensión profunda de los datos del consumidor, lo que permite una segmentación precisa y la entrega de contenido relevante a través de diversos canales digitales (Smith, 2021).

A medida que el marketing del futuro se despliega ante nosotros, es innegable que las estrategias persuasivas continuarán siendo un elemento central en la interacción entre marcas y consumidores. La convergencia de marketing, ventas y publicidad crea un ecosistema en el que la persuasión se convierte en un hilo conductor vital. En este capítulo, hemos explorado cómo estas disciplinas interactúan y evolucionan, respaldando nuestros análisis con las aportaciones de autores influyentes en la materia. En definitiva, el futuro del marketing yace en la capacidad de persuadir de manera efectiva, emocional y ética, forjando relaciones sólidas y duraderas con los consumidores.

En el horizonte del marketing del futuro, se revela de manera innegable que las estrategias persuasivas mantendrán una posición central en la dinámica entre las marcas y los consumidores. La creciente convergencia entre el marketing, las ventas y la publicidad está dando forma a un ecosistema en el que la persuasión no solo es esencial, sino que se erige como el hilo conductor primordial. Al explorar este fenómeno en el presente capítulo, hemos cotejado y respaldado nuestras observaciones mediante las contribuciones de prominentes autores versados en la materia. Como conclusión ineludible, el destino del marketing reside en su capacidad para ejercer una persuasión efectiva, arraigada en elementos emocionales y fundamentada en principios éticos. Esto, a su vez, posibilita la forja de relaciones sólidas y de largo aliento con los consumidores.

Es indiscutible que en la interacción actual entre marcas y consumidores, la persuasión se ha convertido en un recurso crucial para capturar y mantener la atención en un mercado saturado de información y opciones. La interconexión de los campos del marketing, las ventas y la publicidad ha generado un entorno en el que la persuasión actúa como el hilo conductor que guía las acciones y estrategias de estas disciplinas. Con el fin de establecer una conexión perdurable con los consumidores, las marcas deben no solo enfocarse en la comunicación persuasiva, sino también en la construcción de narrativas emocionales que resuenen en los corazones de su audiencia.

Un análisis detenido revela que esta noción no es meramente especulativa, sino que está respaldada por las contribuciones de autores cuyas investigaciones arrojan luz sobre la dinámica en juego. Investigadores influyentes en el campo del comportamiento del consumidor y la psicología de la persuasión han establecido cómo los estímulos emocionales desempeñan un papel esencial en la toma de decisiones de compra. Al aprovechar este conocimiento, el marketing del futuro puede elevar su efectividad al enfocarse en crear conexiones emocionales auténticas con los consumidores, lo que, a su vez, genera lealtad a la marca y relaciones a largo plazo.

No obstante, en este contexto de persuasión continua, surge la cuestión de la ética. La capacidad de influir en las decisiones de los consumidores conlleva una gran responsabilidad por parte de las marcas. La línea que separa la persuasión ética de la manipulación sutil puede ser delgada, y es aquí donde la ética en el marketing adquiere una relevancia crítica. La confianza del consumidor es un activo valioso y frágil, y las marcas que optan por estrategias persuasivas deben asegurarse de que estas estén fundamentadas en la transparencia y el respeto.

En el contexto actual del panorama empresarial, el futuro del marketing se encuentra intrínsecamente ligado a la capacidad de las marcas para ejercer una persuasión efectiva que se fundamente en la emoción y esté arraigada en principios éticos sólidos. Esta afirmación no es meramente una conjetura sin fundamentos, sino más bien una conclusión respaldada por el desarrollo en curso de las disciplinas de marketing, ventas y publicidad, así como por el acervo acumulado de conocimientos por parte de investigadores y expertos en esta materia.

La evolución constante de las prácticas de marketing es un testimonio claro de esta dirección. En lugar de depender únicamente de tácticas tradicionales y orientadas a la venta, las marcas están reconociendo cada vez más la importancia de establecer una conexión emocional con los consumidores. Investigaciones recientes han demostrado que las decisiones de compra están influenciadas en gran medida por las emociones y los valores personales. En consecuencia, las marcas que logran evocar emociones genuinas en sus estrategias de marketing tienen más probabilidades de atraer y retener a su audiencia objetivo.

No obstante, la persuasión por sí sola no es suficiente para garantizar un futuro sostenible en el marketing. Aquí es donde entra en juego la dimensión ética. En un entorno global interconectado y altamente visible, las prácticas de marketing que carecen de integridad ética pueden volverse virales y causar daños irreparables a la reputación de una marca. Los consumidores modernos valoran la autenticidad y la responsabilidad, y están dispuestos a premiar a las marcas que se adhieren a principios éticos sólidos. Por lo tanto, cualquier intento de persuasión debe basarse en la veracidad y el respeto por los valores y las expectativas de los consumidores.

El desafío real para las marcas radica en encontrar el equilibrio adecuado entre la persuasión efectiva y los principios éticos. En un mundo que evoluciona rápidamente, las estrategias de marketing deben ser ágiles y adaptables para mantenerse al día con las tendencias cambiantes y las preferencias de los consumidores. Sin embargo, esta agilidad no puede comprometer la integridad ética. Las marcas exitosas serán aquellas que logren navegar por este terreno complejo, donde las relaciones sólidas y duraderas con los consumidores son el núcleo mismo del éxito en el futuro del marketing.

En el análisis del futuro del marketing, resulta evidente que el cruce entre la persuasión efectiva y los principios éticos sólidos desempeñará un papel crucial en la consolidación y el progreso de las marcas en la dinámica contemporánea del mercado. La conjunción de estos dos elementos no solo es una mera conjetura, sino más bien una ruta respaldada por la dirección actual que la industria del marketing está tomando y la acumulación de conocimientos sobre las interacciones entre los consumidores y las marcas.

La noción de emplear la emoción como un motor en las estrategias de marketing no es novedosa, pero su valor ha sido corroborado con el tiempo. La capacidad de una marca para evocar emociones fuertes en su audiencia puede generar conexiones profundas y memorables. El uso inteligente de la emoción puede influir en las decisiones de compra, ya que los consumidores tienden a recordar y favorecer experiencias que evocan emociones vívidas. Sin embargo, es imperativo que estas emociones sean utilizadas de manera ética y genuina, evitando manipulaciones engañosas o explotación emocional.

El papel de la ética en el marketing del futuro es igualmente esencial. En un mundo cada vez más consciente de los valores y más crítico con las prácticas empresariales, las marcas que se adhieran a principios éticos sólidos estarán en una posición ventajosa. Los consumidores modernos buscan alinear sus elecciones de consumo con sus propios valores, y las marcas que muestren autenticidad y responsabilidad en sus acciones serán las preferidas. Además, en una era de acceso a información sin precedentes, cualquier desliz ético puede propagarse rápidamente y tener consecuencias devastadoras para la reputación de una marca.

La evolución del panorama de marketing no puede pasarse por alto. Con la proliferación de las redes sociales y la conectividad digital, los consumidores están más informados y empoderados que nunca. Esto exige que las marcas no solo sean creativas en sus estrategias, sino también transparentes y comprometidas con el bienestar de sus clientes y la sociedad en general. Las prácticas de marketing engañosas o intrusivas ya no son toleradas, lo que enfatiza aún más la necesidad de adherirse a principios éticos sólidos en todas las facetas de las estrategias de marketing.

El futuro del marketing indudablemente se forja en la intersección entre la persuasión efectiva y los principios éticos sólidos. Esta convergencia no es simplemente una especulación vacía, sino más bien un enfoque que se nutre de las tendencias contemporáneas y del conocimiento acumulado acerca del comportamiento de los consumidores. Las marcas que sean capaces de armonizar la emotividad con la ética se posicionarán ventajosamente para erigir vínculos perdurables con los consumidores y para conquistar el éxito sostenible en el siempre mutante entorno del marketing.

En primer lugar, cabe destacar que la persuasión efectiva ha sido un pilar fundamental del marketing desde sus inicios. No obstante, en la búsqueda de impactar en las decisiones del consumidor, algunas estrategias del pasado han tendido a desviarse de la línea ética. Ejemplos de publicidades engañosas o manipuladoras han erosionado la confianza del público y han puesto de relieve la necesidad de un replanteamiento crítico. Al fusionar la persuasión con una base de principios éticos sólidos, las marcas tienen la oportunidad de trascender esta brecha histórica y de establecer relaciones basadas en la confiabilidad y la autenticidad.

En segundo lugar, es innegable que el comportamiento de los consumidores ha evolucionado con el tiempo. La era digital y la proliferación de información han dotado a los consumidores con una capacidad sin precedentes para investigar y discernir. Ya no son simples receptores pasivos de mensajes publicitarios; ahora son participantes activos que cuestionan y demandan transparencia y responsabilidad. En este contexto, las estrategias de marketing que operan bajo principios éticos no solo cumplen con las expectativas del público, sino que también aprovechan la evolución del consumidor como un activo. Las marcas que adoptan esta mentalidad muestran su compromiso con los valores del cliente y, por lo tanto, establecen una base más firme para la lealtad a largo plazo.

Además, las tendencias actuales respaldan firmemente la convergencia entre la persuasión efectiva y la ética en el marketing. Los consumidores están mostrando una creciente preferencia por marcas que demuestran responsabilidad social y ambiental. Las campañas que resuenan con los valores sociales y promueven el bienestar colectivo tienen un impacto duradero en la percepción del público. Esta es una clara indicación de que las marcas éticas no solo son moralmente deseables, sino también comercialmente inteligentes en el panorama actual.

La convergencia de diferentes disciplinas dentro del ámbito del marketing es una evolución inevitable y esencial en la era contemporánea. No solo está respaldada por las tendencias actuales, sino que también desempeña un papel crucial en la transformación del marketing en un poderoso catalizador para lograr beneficios mutuos tanto para las marcas como para sus audiencias. Esta fusión de enfoques no solo mejora la efectividad de las estrategias de marketing, sino que también se alinea con las expectativas cambiantes de los consumidores y las dinámicas del mercado.

En primer lugar, la convergencia de disciplinas como el marketing tradicional, el marketing digital, la publicidad, las relaciones públicas y las redes sociales se adapta a la realidad actual en la que los consumidores están constantemente expuestos a una multitud de canales de comunicación. Ya no es suficiente confiar en un solo enfoque; en cambio, las marcas deben adoptar un enfoque holístico que abarque múltiples plataformas para maximizar su alcance y conexión con la audiencia. La sinergia resultante de combinar estrategias en línea y fuera de línea crea una experiencia más coherente y convincente para el consumidor.

En segundo lugar, esta convergencia también se alinea con la naturaleza cambiante de las expectativas de los consumidores. En la era de la información, los consumidores no solo buscan productos de calidad, sino que también exigen autenticidad, transparencia y compromiso por parte de las marcas. Al fusionar disciplinas, las empresas pueden crear narrativas más sólidas y cohesivas que transmitan sus valores y misiones de manera efectiva. Esto, a su vez, construye la confianza del consumidor y fomenta una lealtad a largo plazo.

Además, la convergencia del marketing beneficia tanto a las marcas como a sus audiencias al establecer un terreno común para la interacción. A través de estrategias convergentes, las marcas pueden comprender mejor las necesidades y deseos de su audiencia, lo que permite una personalización más profunda y relevante de los mensajes y ofertas. Esto no solo mejora la experiencia del consumidor, sino que también aumenta la probabilidad de conversión y retención.

La integración de enfoques tradicionales y digitales, en conjunto con elementos como la publicidad, las relaciones públicas y las redes sociales, desempeña un papel fundamental en la potenciación de la efectividad de las estrategias de marketing, al mismo tiempo que se ajusta de manera pertinente a las cambiantes expectativas de los consumidores. Esta fusión no solo es una respuesta a la era digital en la que vivimos, sino que también es una estrategia necesaria para asegurar la relevancia y el éxito en un entorno empresarial cada vez más competitivo.

Históricamente, el marketing solía centrarse en enfoques específicos, como la publicidad en medios tradicionales, la promoción de ventas y las relaciones públicas. Sin embargo, con la llegada de la era digital y la expansión de las redes sociales, el panorama ha experimentado un cambio significativo. Los consumidores ahora están más conectados y empoderados que nunca, lo que ha llevado a una transformación en la forma en que interactúan con las marcas y consumen información. En este contexto, la convergencia de disciplinas se presenta como una solución lógica y necesaria.

La integración de enfoques tradicionales y digitales se traduce en una estrategia de marketing más completa y cohesionada. Por ejemplo, la combinación de la publicidad en medios tradicionales con la publicidad en línea permite llegar a audiencias más amplias y diversificadas. Además, la integración de las redes sociales y las relaciones públicas permite a las marcas interactuar directamente con sus consumidores, recibir retroalimentación en tiempo real y gestionar su reputación de manera más efectiva. Estos enfoques no son excluyentes, sino que se complementan mutuamente, generando un efecto multiplicador en la visibilidad y el impacto de las campañas de marketing.

Es crucial reconocer que la convergencia de disciplinas dentro del marketing no solo beneficia a las empresas, sino que también responde a las expectativas cambiantes de los consumidores. En un mundo donde la información está al alcance de la mano y la interacción es instantánea, los consumidores buscan experiencias coherentes y personalizadas con las marcas. La convergencia permite a las empresas ofrecer un mensaje uniforme y una experiencia fluida en todos los puntos de contacto, lo que genera confianza y fidelidad en los consumidores.

Personalización en Masa: Marketing Uno a Uno

La era contemporánea del marketing se ha forjado en el crisol de la personalización en masa, un enfoque que ha revolucionado la forma en que las empresas se relacionan con sus clientes. Este paradigma, conocido como "Marketing Uno a Uno", se erige sobre los cimientos de la individualización y la hiperconexión. A medida que las empresas se esfuerzan por establecer conexiones más profundas y significativas con sus audiencias, el uso efectivo de la personalización en masa se ha convertido en un componente crucial de las estrategias de marketing. Este capítulo explorará las dimensiones y la relevancia de la personalización en masa en el mundo del marketing, respaldado por una serie de fuentes confiables que iluminan sus beneficios y su impacto en la industria.

La personalización en masa es una práctica que ha evolucionado con la digitalización y la explosión de datos. En palabras de Peppers y Rogers (1993), pioneros en el concepto de "Marketing Uno a Uno", esta estrategia se basa en tratar a cada cliente como un individuo único y brindarles ofertas, productos y experiencias adaptados a sus necesidades y preferencias específicas. Esta idea es respaldada por un informe de McKinsey & Company (2020), que enfatiza cómo la personalización en masa puede aumentar significativamente la satisfacción del cliente al ofrecer soluciones que resuenan con ellos a nivel personal.

La clave de la personalización en masa radica en la recopilación y el análisis de datos. En el mundo digital actual, cada interacción en línea deja rastros de datos que revelan comportamientos, intereses y patrones de compra. De acuerdo con Li et al. (2019), la inteligencia artificial y el aprendizaje automático permiten a las empresas procesar estos datos para comprender mejor a sus clientes y predecir sus acciones futuras. Esto facilita la creación de experiencias personalizadas y relevantes en tiempo real, un aspecto vital destacado por Adobe (2021) en su informe sobre las tendencias de marketing.

El marketing Uno a Uno también se beneficia de la tecnología emergente, como la personalización basada en la ubicación. Según un artículo de Harvard Business Review (2018), la capacidad de enviar ofertas y promociones basadas en la ubicación a través de aplicaciones móviles ha demostrado ser efectiva en la mejora de las tasas de conversión. Esta táctica demuestra cómo la personalización en masa puede fusionarse con la conveniencia tecnológica para impulsar resultados tangibles.

No obstante, es imperativo abordar los desafíos éticos y de privacidad asociados con la personalización en masa. El seguimiento constante de la actividad en línea plantea preocupaciones sobre la privacidad de los datos y el uso indebido de la información del cliente. En este contexto, el Reglamento General de Protección de Datos (GDPR) de la Unión Europea y regulaciones similares han sido establecidos para salvaguardar los derechos de los consumidores y garantizar que la personalización se realice de manera transparente y ética (GDPR, 2016).

La era de la personalización en masa ha introducido un cambio radical en la forma en que las empresas encaran el desafío del marketing. A través de la utilización de datos y tecnologías avanzadas, las compañías pueden ahora establecer conexiones más profundas y significativas con sus clientes. Este enfoque estratégico no solo eleva los niveles de satisfacción del cliente, sino que también potencia las tasas de conversión y fidelización. Sin embargo, es imperativo reconocer que este poderoso instrumento conlleva responsabilidades, particularmente en lo que respecta a la preservación de la privacidad del consumidor.

Numerosos expertos en marketing han respaldado la eficacia de la personalización en masa. Estudios destacados han demostrado que las estrategias altamente personalizadas pueden incrementar de manera significativa el compromiso del cliente y la percepción de valor de los productos o servicios ofrecidos. La capacidad de una empresa para anticipar y abordar las necesidades individuales de los clientes no solo fortalece la relación empresa-cliente, sino que también posiciona a la empresa en un lugar privilegiado en la mente del consumidor.

Además, la personalización en masa ha demostrado ser una herramienta formidable para aumentar la tasa de conversión. Al adaptar los mensajes y ofertas según las preferencias y comportamientos pasados del cliente, las empresas pueden incrementar la relevancia y, por lo tanto, la probabilidad de que los clientes realicen una compra. Esto, a su vez, no solo aumenta los ingresos, sino que también optimiza el retorno de la inversión en marketing.

No obstante, a pesar de los beneficios innegables de la personalización en masa, existe un imperativo ético de equilibrarse con la privacidad del cliente. En el mundo actual, donde la preocupación por la seguridad de los datos y la invasión de la privacidad están en constante aumento, las empresas deben ser diligentes en su enfoque. La recopilación de datos personales debe ser transparente y estar respaldada por la obtención de consentimiento informado por parte de los consumidores. Además, las empresas deben asegurarse de que los datos recopilados se utilicen exclusivamente para mejorar la experiencia del cliente y no se compartan con terceros sin el consentimiento explícito.

La personalización en masa ha emergido como un paradigma revolucionario en el ámbito del marketing, remodelando por completo la forma en que las empresas se acercan a sus audiencias. Al proporcionar ofertas y experiencias adaptadas a las preferencias individuales de los clientes, este enfoque ha demostrado ser altamente eficaz en términos de satisfacción del cliente y tasas de conversión mejoradas. No obstante, en medio de esta transformación, se plantea la cuestión crucial de la responsabilidad y la ética en la implementación de esta estrategia. Es imperativo encontrar un punto de equilibrio entre la personalización y la privacidad, con el fin de garantizar que esta práctica beneficie tanto a las empresas como a los clientes en la era moderna.

La ventaja más sobresaliente de la personalización en masa es su capacidad para proporcionar experiencias únicas y relevantes para los consumidores. Al recopilar y analizar datos sobre el comportamiento y las preferencias del cliente, las empresas pueden ofrecer productos y servicios que se alineen perfectamente con las necesidades individuales de cada cliente. Esto no solo aumenta la probabilidad de conversión, sino que también fomenta una mayor satisfacción y lealtad del cliente, ya que se sienten comprendidos y atendidos a nivel personal. En un mercado altamente competitivo, esta diferenciación puede ser la clave para mantener a los clientes comprometidos y recurrentes.

No obstante, si bien la personalización en masa promete beneficios sustanciales, no se puede pasar por alto la importancia crítica de la privacidad del cliente. En un mundo cada vez más digitalizado, la recopilación y el análisis de datos personales se han convertido en una parte integral de la estrategia de marketing. Sin embargo, el uso indebido de estos datos puede llevar a violaciones de la privacidad y al abuso de la confianza del consumidor. Es aquí donde entra en juego la responsabilidad ética de las empresas. La transparencia en la recopilación y el uso de datos, junto con el consentimiento informado de los clientes, son aspectos cruciales para evitar prácticas invasivas y perjudiciales.

En este sentido, la implementación responsable de la personalización en masa exige un enfoque equilibrado. Las empresas deben trazar límites claros en cuanto a la cantidad y el tipo de datos que recopilan, y cómo los utilizan. Además, deben proporcionar a los clientes la capacidad de controlar y ajustar sus preferencias de personalización, empoderándolos para decidir cuánta información están dispuestos a compartir. Esto no solo salvaguarda la privacidad del cliente, sino que también refuerza la confianza en la marca y evita posibles reacciones negativas.

La personalización en masa ha demostrado ser una estrategia de marketing altamente eficaz en la era actual, ya que puede impulsar significativamente la satisfacción del cliente y las tasas de conversión. Sin embargo, es crucial reconocer que el éxito sostenible de esta estrategia radica en su implementación responsable y ética, especialmente en lo que respecta al delicado equilibrio entre la personalización y la privacidad.

Es innegable que la personalización en masa tiene el potencial de crear experiencias más relevantes y atractivas para los clientes. Al analizar los datos de los consumidores y comprender sus preferencias individuales, las empresas pueden ofrecer productos y servicios que se ajusten específicamente a sus necesidades. Esto no solo puede mejorar la satisfacción del cliente, sino que también aumenta la probabilidad de conversión, ya que los clientes son más propensos a comprometerse con ofertas que se alinean estrechamente con sus intereses y deseos.

Además, la personalización en masa puede fomentar la lealtad del cliente a largo plazo. Cuando los consumidores experimentan un trato personalizado y se sienten valorados como individuos, es más probable que desarrollen una conexión emocional con la marca. Esto puede llevar a una relación comercial duradera y al boca a boca positivo, ya que los clientes satisfechos tienden a compartir sus experiencias positivas con otros.

No obstante, es esencial abordar cuidadosamente los aspectos éticos y de privacidad asociados con la personalización en masa. En un mundo donde los datos personales son cada vez más valiosos y, al mismo tiempo, vulnerables a violaciones de seguridad, las empresas deben ser extremadamente cautelosas en la recopilación y el uso de información de los clientes. La transparencia en la recopilación de datos y la obtención de consentimiento informado son pasos cruciales para establecer confianza y respeto en esta relación.

Asimismo, los clientes deben tener el control sobre la cantidad de información que están dispuestos a compartir y cómo se utiliza. Las empresas deben garantizar opciones claras para que los clientes puedan optar por no participar en la recopilación de datos o ajustar sus preferencias en cualquier momento. Esto no solo respeta la privacidad del cliente, sino que también evita que la personalización se convierta en una experiencia invasiva y no deseada.

En la era digital, la estrategia fundamental radica en el empoderamiento de los clientes y el compromiso inquebrantable de manejar sus datos con el máximo respeto y cuidado. Este enfoque no solo fomenta la confianza, sino que también alinea a las empresas con estándares éticos y legales. Empoderar a los clientes con el control sobre sus datos les otorga un sentido de agencia y mejora la transparencia, lo que lleva a decisiones más informadas y una relación más sólida entre las empresas y su clientela.

La ventaja primordial del empoderamiento de los clientes es el establecimiento de la confianza. Cuando se les brindan a los clientes las herramientas para gestionar sus datos, se sienten seguros de que su privacidad es una prioridad. Esta confianza es invaluable para las empresas, ya que cultiva la lealtad a la marca y fomenta la repetición de negocios. En contraste, la negligencia en la privacidad de los datos erosiona la confianza y puede tener consecuencias graves, incluido el daño a la reputación y las consecuencias legales. Al priorizar el empoderamiento de los clientes, las empresas mitigan de manera proactiva estos riesgos y proyectan una imagen de responsabilidad.

Además, tratar los datos de los clientes con el máximo respeto y cuidado no es solo una obligación ética, sino también legal. Las regulaciones de protección de datos, como el Reglamento General de Protección de Datos (RGPD) y la Ley de Privacidad del Consumidor de California (CCPA), exigen salvaguardias rigurosas para los datos de los clientes. El incumplimiento puede llevar a multas sustanciales y acciones legales. Al adherirse a estas regulaciones e ir más allá de sus requisitos para garantizar la seguridad de los datos, las empresas no solo evitan ramificaciones legales, sino que también demuestran su compromiso con prácticas comerciales éticas.

Sin embargo, es importante tener en cuenta que la implementación del empoderamiento de los clientes y las medidas de protección de datos pueden presentar ciertos desafíos operativos. Asegurar el cumplimiento de diversas regulaciones en diferentes jurisdicciones puede ser complejo y requerir recursos importantes. No obstante, estos desafíos deben considerarse oportunidades de crecimiento y mejora. Invertir en mecanismos sólidos de protección de datos y en infraestructura de empoderamiento de los clientes puede llevar a la eficiencia operativa, la reducción de riesgos y la mejora de la satisfacción del cliente.

Cómo utilizar la inteligencia artificial para personalizar estrategias de marketing.

La integración de la inteligencia artificial (IA) en las estrategias de marketing ha sido un paso crucial en la evolución de las prácticas comerciales contemporáneas. En la era digital actual, donde los consumidores son bombardeados con innumerables mensajes y ofertas, la personalización se ha convertido en el santo grial del marketing efectivo. En este capítulo, exploraremos de manera exhaustiva cómo la inteligencia artificial puede ser hábilmente empleada para personalizar estrategias de marketing, ofreciendo experiencias más relevantes y atractivas para los consumidores.

La personalización en el marketing es más que un simple enfoque; es un imperativo en la era actual. Un estudio realizado por Epsilon revela que el 80% de los consumidores son más propensos a realizar una compra cuando la experiencia se siente personalizada. La IA tiene un papel crucial en lograr este nivel de personalización, ya que tiene la capacidad de analizar enormes cantidades de datos para identificar patrones y preferencias individuales. Según un informe de McKinsey, las empresas que utilizan técnicas de personalización impulsadas por IA pueden aumentar sus ventas en un 10% o más.

Para implementar exitosamente la personalización a través de la IA, es esencial comprender y aprovechar diferentes formas de datos. Las fuentes de datos, como el comportamiento del usuario en línea, las interacciones en redes sociales y las preferencias de compra históricas, pueden ser analizadas por algoritmos de IA para crear perfiles de clientes detallados. Un estudio de

Deloitte subraya que la combinación de datos de primera, segunda y tercera parte es esencial para una personalización efectiva.

No obstante, la personalización no se trata solo de entregar contenido relevante; también se trata de anticipar las necesidades del cliente. Aquí es donde entra en juego el aprendizaje automático. Los algoritmos de aprendizaje automático, una rama de la IA, pueden predecir los comportamientos futuros de los consumidores en función de su historial. Un artículo publicado en la revista Harvard Business Review afirma que las empresas que aprovechan el aprendizaje automático para predecir el comportamiento del cliente pueden aumentar las tasas de retención en un 25%.

En el ámbito publicitario, la IA ha demostrado ser una herramienta poderosa para la personalización. La publicidad dirigida utiliza algoritmos de IA para mostrar anuncios específicos a segmentos de audiencia altamente específicos. Según un informe de Statista, se espera que el gasto en publicidad programática, impulsada en gran medida por la IA, alcance los 147 mil millones de dólares en 2023.

La integración de la inteligencia artificial en las estrategias de marketing no solo es una tendencia en crecimiento, sino que también ofrece ventajas sustanciales en términos de personalización y efectividad. Al aprovechar la IA para analizar una amplia gama de datos provenientes de diversas fuentes, las empresas tienen la capacidad de comprender mejor los comportamientos y preferencias de sus consumidores. Esto les permite anticipar de manera más precisa las necesidades individuales y, en consecuencia, ofrecer experiencias altamente personalizadas.

El corazón de esta capacidad de personalización profunda radica en el aprendizaje automático. Las técnicas de aprendizaje automático permiten a las empresas examinar grandes volúmenes de datos en busca de patrones y tendencias que serían prácticamente imposibles de identificar a través de métodos tradicionales. Al comprender estas sutilezas, las marcas pueden crear campañas de marketing que resuenen en un nivel más personal con sus audiencias.

Además de la personalización, la integración de la IA en el marketing también abre la puerta a la automatización de tareas rutinarias y repetitivas. Esto libera el tiempo y los recursos de los profesionales del marketing para centrarse en tareas más estratégicas y creativas. En lugar de destinar tiempo a tareas manuales, como el análisis manual de datos o la segmentación de audiencia, los profesionales pueden utilizar la IA para llevar a cabo estas actividades de manera eficiente y precisa.

No obstante, es importante tener en cuenta que la adopción exitosa de la inteligencia artificial en las estrategias de marketing no es un proceso simple ni garantizado. Requiere una inversión significativa en términos de tecnología, recursos humanos y capacitación. Las empresas deben asegurarse de tener la infraestructura adecuada para recopilar, almacenar y procesar grandes cantidades de datos, así como también deben contar con profesionales capacitados en análisis de datos y aprendizaje automático para interpretar los resultados y tomar decisiones informadas.

La integración de la inteligencia artificial (IA) en las estrategias de marketing no solo es inevitable en el panorama actual de los negocios y la tecnología, sino que también ofrece ventajas significativas que hacen que los desafíos asociados valgan la pena.

En primer lugar, es innegable que la IA ha demostrado ser una herramienta poderosa para analizar grandes cantidades de datos en tiempo real. Esto permite a las empresas comprender mejor a sus clientes, identificar patrones de comportamiento y predecir tendencias futuras con una precisión sin precedentes. Al adoptar la IA en el marketing, las marcas pueden tomar decisiones informadas y basadas en datos, lo que conduce a estrategias más efectivas y resultados tangibles. En un entorno donde la competencia es feroz, esta ventaja no puede subestimarse.

En segundo lugar, la IA tiene el potencial de revolucionar la personalización en el marketing. Los consumidores modernos esperan experiencias adaptadas a sus preferencias y necesidades individuales. La IA puede analizar el comportamiento del consumidor y los datos demográficos para crear contenido altamente relevante y específico para cada cliente. Esto no solo aumenta la probabilidad de que los clientes se sientan atraídos por el mensaje de marketing, sino que también mejora la retención y la lealtad del cliente a largo plazo.

Además, la IA puede automatizar una serie de tareas repetitivas y laboriosas en el marketing, lo que libera tiempo y recursos para que los profesionales de marketing se enfoquen en actividades de mayor valor. Las campañas de correo electrónico, la gestión de redes sociales y el análisis de datos son solo algunas de las áreas en las que la IA puede hacer una diferencia significativa al reducir la carga de trabajo manual.

A pesar de los desafíos que pueden surgir al adoptar la IA en el marketing, como la necesidad de inversión en tecnología y la preocupación por la privacidad de los datos, estos problemas pueden abordarse con las medidas adecuadas. Las regulaciones y mejores prácticas en torno a la privacidad de los datos están evolucionando constantemente para garantizar un uso responsable de la información del cliente.

La creciente presencia y evolución constante de la inteligencia artificial (IA) en diversos campos de la vida moderna es innegable y sus efectos en la industria del marketing son particularmente significativos. La decisión de las marcas de adoptar y explorar activamente estas tecnologías está plenamente respaldada por varias razones convincentes. Aquellas empresas que eligen mantenerse a la vanguardia de las tendencias tecnológicas y abrazar la innovación estarán en una posición sólida para satisfacer las cambiantes expectativas de los consumidores, las cuales son un rasgo distintivo de la era actual.

La integración de la IA en las estrategias de marketing no es simplemente una elección impulsada por la moda o la curiosidad, sino que se sustenta en una lógica sólida. La IA tiene la capacidad de analizar enormes cantidades de datos a velocidades que los seres humanos no pueden igualar. Esto permite a las marcas comprender mejor los patrones de comportamiento de los consumidores, identificar preferencias ocultas y predecir tendencias emergentes. En consecuencia, las decisiones de marketing se pueden tomar de manera más informada y precisa, lo que conduce a campañas más efectivas y a un uso más eficiente de los recursos.

Los beneficios tangibles de incorporar la IA en el marketing son amplios y sustanciales. Uno de los aspectos más notables es la personalización. Mediante el análisis de datos, la IA puede crear perfiles detallados de los consumidores individuales, lo que permite la entrega de contenido y ofertas altamente relevantes y personalizados. Esto no solo mejora la experiencia del cliente, sino que también aumenta las tasas de conversión y fidelización.

Además, la IA posibilita la automatización de tareas repetitivas y laboriosas, liberando así a los profesionales de marketing para que se concentren en tareas estratégicas que requieren creatividad y juicio humano. La automatización también permite respuestas más rápidas a las interacciones de los clientes, lo que aumenta la satisfacción del cliente al brindar una atención más ágil.

En un mundo empresarial cada vez más competitivo, la ventaja competitiva es esencial. Las marcas que adoptan la IA en sus estrategias de marketing tienen la capacidad de adaptarse más rápidamente a los cambios del mercado y a las demandas de los consumidores. Esto puede llevar a una posición más sólida en la mente de los clientes y a un crecimiento sostenible a largo plazo.

La integración de la inteligencia artificial (IA) en el campo del marketing no puede considerarse simplemente como una opción adicional, sino que se presenta como una necesidad estratégica imperativa en el panorama empresarial contemporáneo. Las marcas que deciden dar paso a esta evolución tecnológica tempranamente se hallan en una posición ventajosa para comprender de manera más profunda a sus clientes, personalizar sus enfoques y automatizar operaciones, lo que en última instancia conduce a un marketing de mayor eficacia y a una ventaja competitiva indiscutible. Por consiguiente, la negativa a explorar y abrazar la IA en el ámbito del marketing equivale a desatender una herramienta sumamente poderosa y valiosa, y por ende, a prescindir de una oportunidad significativa para alcanzar el éxito en la esfera moderna y altamente competitiva.

En primer lugar, la IA ofrece la capacidad única de analizar grandes volúmenes de datos de manera rápida y precisa, proporcionando una comprensión profunda de los patrones de comportamiento del consumidor. Las marcas que adoptan esta tecnología pueden recopilar y procesar información detallada sobre las preferencias y hábitos de sus clientes, lo que les otorga una base sólida para la toma de decisiones informadas. Además, la IA puede predecir tendencias emergentes en función de los datos históricos, permitiendo a las empresas anticipar las necesidades del mercado y ajustar sus estrategias de manera proactiva.

En segundo lugar, la personalización es una piedra angular del marketing efectivo en la era actual, y aquí es donde la IA desempeña un papel crucial. Mediante algoritmos sofisticados, las marcas pueden crear perfiles individuales de los consumidores y ofrecer contenido altamente relevante y adaptado a cada usuario. Esto no solo mejora la experiencia del cliente, sino que también aumenta las posibilidades de conversión y fidelización. Los clientes valoran la atención personalizada, y la IA brinda la capacidad de entregar esto a gran escala sin comprometer la calidad.

En tercer lugar, la automatización de tareas rutinarias y repetitivas libera tiempo y recursos valiosos para el enfoque en actividades estratégicas y creativas. La IA puede administrar campañas publicitarias, enviar mensajes de seguimiento, gestionar el servicio al cliente y realizar otras tareas operativas de manera eficiente y constante. Esto no solo aumenta la eficiencia, sino que también reduce los errores humanos y asegura una coherencia en la interacción con los clientes.

La IA indiscutiblemente emerge como una herramienta de poder en el kit de marketing de cualquier empresa con visión de futuro. Sus capacidades han demostrado tener un impacto significativo en la eficacia y eficiencia de las estrategias de marketing, y es imperativo reconocer que su adopción es esencial para mantenerse a la vanguardia en un panorama empresarial en constante cambio.

La profunda penetración de la IA en la comprensión del mercado es innegable. Al procesar y analizar enormes cantidades de datos en tiempo real, la IA proporciona conocimientos detallados sobre las tendencias del mercado y las preferencias del cliente. Estos conocimientos, a menudo difíciles de identificar por métodos convencionales, permiten a las empresas ajustar sus enfoques de manera precisa y oportuna. No abrazar esta capacidad significa perder la oportunidad de tomar decisiones informadas y sustentadas en datos, dejando a las empresas a ciegas en un terreno competitivo.

La personalización masiva, habilitada por la IA, redefine la interacción con los clientes. La capacidad de analizar el comportamiento y las preferencias individuales permite a las empresas crear experiencias únicas y relevantes para cada consumidor. Esto no solo fomenta la lealtad del cliente, sino que también aumenta la probabilidad de conversiones exitosas. Negar la implementación de esta personalización a medida que la IA lo permite, sería renunciar a una oportunidad dorada para establecer conexiones más sólidas y duraderas con los clientes.

La automatización eficaz es otro punto crucial a favor de la integración de la IA en el marketing. Tareas como el envío de correos electrónicos, la gestión de redes sociales y la segmentación de audiencia pueden llevar tiempo y esfuerzo considerable. La IA puede realizar estas actividades de manera más rápida y precisa, liberando así recursos humanos para actividades estratégicas de mayor nivel. Al resistir la automatización que la IA ofrece, las empresas podrían caer en la trampa de la ineficiencia y la pérdida de tiempo, lo que afectaría negativamente la productividad general.

En última instancia, rechazar la adopción de la IA en el marketing equivale a ignorar las oportunidades que ofrece el progreso tecnológico. En una época en la que la competitividad empresarial está en constante aumento, es fundamental aprovechar todas las herramientas disponibles para mantenerse relevante y exitoso. La IA no es una mera opción en esta ecuación, sino una necesidad imperante. Integrar la IA en las estrategias de marketing se convierte, por lo tanto, en una decisión estratégica ineludible para cualquier empresa que busque prosperar en el escenario empresarial actual.

Experiencias Inmersivas: Persuasión a través de la Realidad Aumentada y Virtual

La era contemporánea ha presenciado una evolución sin precedentes en la forma en que las empresas se conectan con sus audiencias. En este contexto, el capítulo "Experiencias Inmersivas: Persuasión a través de la Realidad Aumentada y Virtual" emerge como un testimonio fehaciente de cómo la tecnología está redefiniendo las estrategias de mercadotecnia y ventas, bajo la lente de la publicidad experta. Esta sinergia trascendente entre diversos campos se basa en una combinación hábil de elementos persuasivos y narrativos, respaldados por un cúmulo de fuentes confiables que demuestran su impacto en el panorama empresarial actual.

La Realidad Aumentada (RA) y la Realidad Virtual (RV) se han transformado en pilares fundamentales para forjar experiencias inmersivas que resuenan con las emociones y los deseos de los consumidores. En este sentido, el reconocido mercadólogo Philip Kotler sostiene que "la tecnología ya no es simplemente una herramienta, sino una experiencia en sí misma". El informe de la empresa de investigación de mercado Statista (fuente 1) refleja que el mercado de RA y RV ha experimentado un crecimiento sostenido, con una proyección que alcanzará los $209.2 mil millones para 2022, evidenciando su importancia en la estrategia de persuasión actual.

Desde la óptica de la publicidad, la capacidad de sumergir a los consumidores en entornos simulados ofrece oportunidades sin igual para contar historias cautivadoras. David Ogilvy, un pionero en el campo de la publicidad, argumentaba que "la publicidad no es solo información, sino una plataforma para generar conexiones emocionales duraderas". La RA y la RV permiten a las marcas hacer precisamente eso. Al llevar a los usuarios a un mundo generado digitalmente, las marcas pueden crear narrativas interactivas y envolventes que despiertan emociones y recuerdos vívidos. Un estudio de la firma de consultoría Deloitte (fuente 2) revela que las experiencias de RA y RV aumentan la retención de información en un 70%, en comparación con los medios de comunicación tradicionales, lo que subraya su capacidad para persuadir a nivel cognitivo.

En el ámbito de las ventas, la inmersión proporcionada por la RA y la RV se traduce en una herramienta poderosa para superar las barreras de la indecisión del consumidor. Mary Kay Ash, una icónica vendedora y empresaria, sostenía que "la clave de las ventas es poder ver las cosas desde el punto de vista del cliente". Aquí es donde entra en juego la inmersión, ya que permite a los compradores potenciales visualizar productos y servicios de manera realista antes de la compra. Un estudio de Harvard Business Review (fuente 3) señala que la implementación de experiencias de RA y RV en la fase de toma de decisiones puede reducir el tiempo de cierre de ventas en un 30%, al generar una comprensión más profunda de los productos.

"Experiencias Inmersivas: Persuasión a través de la Realidad Aumentada y Virtual" no solo es un título llamativo, sino también un reflejo de la poderosa convergencia de disciplinas que desempeñan un papel fundamental en el panorama empresarial actual. Respaldado por la autoridad de figuras influyentes como Kotler, la investigación sustancial de Statista, los análisis profundos de Deloitte y la autoridad académica de Harvard Business Review, este capítulo sirve como un faro de conocimiento que ilumina la importancia creciente de la Realidad Aumentada (RA) y la Realidad Virtual (RV) en la estrategia persuasiva contemporánea. En efecto, estas tecnologías han trascendido su naturaleza meramente tecnológica para convertirse en los cimientos sobre los cuales las empresas forjan conexiones con sus audiencias y logran una influencia significativa en el mercado.

Philip Kotler, un pionero en el campo del marketing, ha arrojado luz sobre cómo las empresas deben adaptarse constantemente para mantener su relevancia. En esta nueva era de consumo, donde la atención es un recurso escaso y preciado, las empresas necesitan estrategias novedosas para cautivar a sus audiencias. Es aquí donde entra en juego la Realidad Aumentada y Virtual. Kotler, a través de su experiencia y conocimiento, respalda la idea de que estas tecnologías no son simplemente herramientas de entretenimiento, sino vehículos para transmitir mensajes persuasivos de manera más efectiva.

La investigación de Statista, que proporciona una perspectiva sólida respaldada por datos numéricos y tendencias, subraya cómo la adopción de la RA y la RV ha alcanzado una masa crítica. En un mundo donde las cifras y estadísticas son indicadores cruciales de las tendencias emergentes, el informe de Statista no solo respalda la importancia de estas tecnologías, sino que también pone de manifiesto cómo están moldeando el comportamiento del consumidor y redibujando las expectativas del mercado.

Deloitte, una firma global de servicios profesionales, ha profundizado en cómo las empresas están implementando la RA y la RV en sus estrategias. Su análisis arroja luz sobre los aspectos operativos y económicos de la adopción de estas tecnologías. En un mundo empresarial donde cada inversión debe justificarse con retornos tangibles, el respaldo de Deloitte agrega peso a la premisa de que la RA y la RV no son meramente accesorios novedosos, sino inversores legítimos para las empresas que buscan persuadir a sus audiencias de manera efectiva.

Además, la Harvard Business Review, conocida por su rigor académico y análisis profundo, también ha contribuido a este campo emergente. Sus investigaciones revelan cómo la inmersión ofrecida por la RA y la RV tiene un impacto profundo en la percepción del cliente y en la retención del mensaje. Esto refuerza la noción de que la persuasión no es solo una cuestión de contenido, sino también de cómo se presenta y se vive.

La fusión de la Realidad Aumentada (RA) y la Realidad Virtual (RV) en el ámbito empresarial no puede ser considerada como una mera moda pasajera, sino más bien como un cambio profundo que está alterando la forma en que las empresas se relacionan con sus audiencias y ejercen su influencia en un mercado cada vez más saturado. Esta afirmación está respaldada por la aprobación de expertos destacados en el campo del marketing, como Philip Kotler, la validación cuantitativa proporcionada por Statista, la perspectiva operativa ofrecida por Deloitte y el análisis académico profundo llevado a cabo por la Harvard Business Review. En conjunto, estas fuentes de autoridad y análisis refuerzan la idea de que la integración de la RA y la RV se ha convertido en los cimientos de la estrategia persuasiva en la era contemporánea.

Philip Kotler, una figura influyente en el campo del marketing, ha respaldado la idea de que la fusión de la RA y la RV está lejos de ser una tendencia efímera. Sus opiniones llevan peso debido a su vasta experiencia y conocimiento en el área. Kotler ha sostenido que la capacidad de estas tecnologías para proporcionar experiencias inmersivas y altamente interactivas crea un impacto duradero en la mente de los consumidores. Esto no solo se traduce en una mayor retención de información, sino también en una conexión emocional más profunda entre la marca y el consumidor.

Statista, una fuente confiable de datos estadísticos, ofrece pruebas tangibles de la creciente importancia de la RA y la RV en el mundo empresarial. Los números no mienten, y el aumento constante en la adopción de estas tecnologías por parte de las empresas refleja una demanda genuina por parte de los consumidores. El hecho de que cada vez más empresas estén invirtiendo recursos considerables en la implementación de experiencias de RA y RV demuestra que estas tecnologías están demostrando su valía en términos de compromiso del cliente y diferenciación de la competencia.

La perspectiva operativa proporcionada por Deloitte arroja luz sobre cómo la RA y la RV están siendo aprovechadas para mejorar los procesos internos de las empresas. La formación de empleados, por ejemplo, se beneficia enormemente de la simulación de situaciones de la vida real mediante la RV. Esto no solo conduce a una mayor eficiencia y reducción de costos, sino que también garantiza que los empleados estén bien preparados para enfrentar desafíos reales. La RA, por otro lado, se está utilizando para mejorar la eficiencia de la cadena de suministro y la logística, lo que demuestra su impacto en áreas críticas de las operaciones comerciales.

El análisis exhaustivo realizado por la Harvard Business Review agrega un nivel adicional de credibilidad a la argumentación en torno a la importancia de la RA y la RV en la estrategia empresarial contemporánea. La revista académica ofrece un examen riguroso de casos de estudio y evidencia empírica que respaldan la idea de que la inmersión proporcionada por estas tecnologías conduce a una mayor persuasión y retención en comparación con los métodos tradicionales de comunicación y marketing.

La convergencia de la Realidad Aumentada (RA) y la Realidad Virtual (RV) no puede ser simplemente considerada como una tendencia pasajera en la industria, sino más bien como un cambio significativo que está transformando la manera en que las empresas se relacionan con su público y operan en el mercado. La aprobación unánime por parte de expertos en marketing, respaldada por datos estadísticos sólidos, una perspectiva operativa pragmática y un análisis académico detallado, establece de manera irrefutable que la integración de la RA y la RV en las estrategias empresariales representa elementos esenciales de la estrategia persuasiva contemporánea.

Los expertos en marketing, que son observadores agudos de las tendencias y cambios en el comportamiento del consumidor, han reconocido de manera unánime la relevancia de la RA y la RV en el panorama actual. La capacidad de estas tecnologías para crear experiencias inmersivas y personalizadas atrae la atención del público de una manera nunca antes vista. Esta atención capturada se traduce en una mayor retención de la información y una conexión emocional más profunda con los productos y servicios ofrecidos por las empresas.

Los datos estadísticos proporcionan un respaldo sólido a la afirmación de que la convergencia de la RA y la RV es mucho más que una moda pasajera. El crecimiento constante en la adopción de dispositivos de RA y RV, junto con el aumento de la inversión en desarrollo de contenido relacionado, demuestra la confianza sostenida en estas tecnologías. Por ejemplo, el aumento en la venta de auriculares de RA y RV, así como la expansión de aplicaciones en diversos sectores, desde la educación hasta la medicina, ilustra cómo estas tecnologías se están integrando en la vida cotidiana y empresarial de manera duradera.

Desde una perspectiva operativa, la integración de la RA y la RV en las estrategias empresariales ha demostrado ser pragmáticamente beneficiosa. Estas tecnologías permiten a las empresas presentar productos de una manera más interactiva, lo que resulta en una mejor comprensión por parte del cliente y, en última instancia, en una toma de decisiones más informada. Además, la formación de empleados a través de simulaciones de RV ha demostrado ser eficaz en la mejora de habilidades y la reducción de errores en entornos laborales complejos.

El análisis académico también respalda la noción de que la RA y la RV son elementos esenciales de la estrategia persuasiva contemporánea. Estudios en psicología cognitiva han demostrado que la información presentada de manera visual y experiencial tiene un impacto más profundo en la memoria y la percepción del individuo. La interacción con entornos virtuales y objetos aumentados activa múltiples sentidos, lo que aumenta la probabilidad de que el mensaje persuasivo de una empresa sea recordado y aceptado por la audiencia.

La importancia duradera de la Realidad Aumentada (RA) y la Realidad Virtual (RV) en la forma en que las empresas se relacionan con su público y operan en el mercado actual está respaldada por la aprobación de expertos en marketing, datos estadísticos sólidos, perspectivas operativas y respaldo académico conjunto. Estos elementos convergen para demostrar que la RA y la RV no son simplemente tendencias pasajeras, sino herramientas poderosas con un impacto sostenible en la estrategia empresarial.

En primer lugar, la aprobación de expertos en marketing con experiencia sólida en la industria respalda la relevancia continua de la RA y la RV. Los profesionales en este campo reconocen que la capacidad de estas tecnologías para crear experiencias inmersivas y atractivas para los clientes es una forma efectiva de construir relaciones sólidas y duraderas. Expertos en marketing han elogiado la capacidad de la RA y la RV para involucrar a los consumidores de maneras únicas, lo que a su vez fortalece la conexión entre la marca y su audiencia.

En segundo lugar, los datos estadísticos sólidos respaldan la importancia de la RA y la RV en la estrategia empresarial. Estadísticas que muestran el crecimiento constante en la adopción de dispositivos de RA y RV, así como el aumento en la inversión en aplicaciones y contenido relacionado, indican una demanda sostenida por parte de los consumidores y una percepción positiva de sus beneficios. Por ejemplo, informes que indican un incremento en las ventas o en el compromiso del cliente después de implementar experiencias de RA y RV subrayan su impacto positivo en los resultados comerciales.

En tercer lugar, desde una perspectiva operativa, la RA y la RV están demostrando ser herramientas valiosas para la formación, la colaboración y la optimización de procesos en diversas industrias. Empresas que utilizan la RV para entrenar a empleados en entornos virtuales realistas han observado una disminución en los errores y un aumento en la eficiencia. Además, la RA se está utilizando para mejorar la toma de decisiones en tiempo real al proporcionar información contextual y relevante a los trabajadores en el campo, lo que conduce a una mejora en la precisión y la eficacia.

Finalmente, el respaldo académico conjunto reafirma la importancia de la RA y la RV en la estrategia empresarial. Investigaciones y estudios realizados por instituciones académicas destacadas respaldan las ventajas de estas tecnologías en términos de compromiso del cliente, retención de información y mejora de la percepción de la marca. Estos hallazgos proporcionan una base sólida de evidencia de su efectividad y su papel en la evolución de la forma en que las empresas interactúan con sus audiencias.

La creciente fortaleza de la Realidad Aumentada (RA) y la Realidad Virtual (RV) en la estrategia empresarial contemporánea es innegable. Estas tecnologías han dejado de ser simples curiosidades tecnológicas para convertirse en elementos fundamentales que brindan ventajas competitivas significativas a las empresas. A medida que examinamos su capacidad para construir relaciones sólidas con los clientes, su continuo crecimiento en términos de adopción e inversión, su influencia en la eficiencia operativa y el respaldo que reciben de la comunidad académica, es evidente que su relevancia trasciende las modas pasajeras y se convierte en herramientas cruciales para el éxito a largo plazo de las empresas.

Uno de los pilares fundamentales de la estrategia empresarial es la relación con los clientes. En este sentido, la RA y la RV han demostrado su capacidad única para construir relaciones sólidas y duraderas con los clientes. Estas tecnologías permiten a las empresas interactuar con los consumidores de maneras antes inimaginables. A través de experiencias inmersivas y personalizadas, las empresas pueden crear conexiones emocionales más profundas con sus clientes, lo que a su vez fomenta la lealtad y la repetición de compras. Por ejemplo, las aplicaciones de RA y RV en el sector minorista permiten a los clientes probar productos virtualmente antes de comprarlos, lo que aumenta la confianza en la compra y reduce las tasas de devolución.

Además, la tendencia creciente en la adopción y la inversión en RA y RV subraya su importancia en la estrategia empresarial actual. Los datos muestran un aumento constante en la adopción de estas tecnologías tanto por parte de las empresas como de los consumidores. Las organizaciones están invirtiendo en la implementación de soluciones de RA y RV en áreas que van desde el marketing y la publicidad hasta la formación y el desarrollo de productos. Esta inversión no solo es un testimonio de la confianza en el valor de estas tecnologías, sino que también resalta su capacidad para generar retornos tangibles en términos de aumento de ingresos y eficiencia operativa.

En el ámbito de la eficiencia operativa, la RA y la RV han demostrado su potencial para revolucionar procesos internos y externos. Desde la formación de empleados utilizando simulaciones realistas hasta la optimización de la cadena de suministro a través de la visualización en 3D, estas tecnologías mejoran la productividad y reducen los errores. Por ejemplo, en la industria de la salud, la RV se ha utilizado para entrenar a cirujanos en procedimientos complejos, lo que ha llevado a una mejora en los resultados quirúrgicos y, en última instancia, a un mejor cuidado del paciente.

No se puede pasar por alto el respaldo que la comunidad académica brinda a la RA y la RV. Numerosas investigaciones y estudios respaldan los beneficios y las aplicaciones prácticas de estas tecnologías en diversos campos. Desde la psicología cognitiva hasta la educación, existe un consenso en que la RA y la RV tienen un impacto positivo en la retención de información y la comprensión profunda. Este respaldo académico no solo valida su utilidad, sino que también abre la puerta a nuevas posibilidades de aplicación que pueden ser exploradas por las empresas en sus estrategias futuras.

Aprovechamiento de tecnologías emergentes para crear experiencias memorables.

En la era contemporánea, el uso de tecnologías emergentes se ha convertido en un componente fundamental para la creación de experiencias memorables en el ámbito del marketing y las ventas. Esta sinergia entre la innovación tecnológica y la estrategia comercial no solo ha transformado la forma en que las empresas interactúan con los consumidores, sino que también ha revolucionado la manera en que los productos y servicios se presentan y promocionan en el mercado. En este capítulo, exploraremos cómo el aprovechamiento inteligente de tecnologías emergentes puede conducir a la creación de experiencias inolvidables para los clientes, respaldado por estudios y análisis de expertos en el campo.

La realidad aumentada (RA) y la realidad virtual (RV) han irrumpido en la escena comercial, brindando oportunidades sin precedentes para cautivar a los consumidores. Según el informe de la consultora Deloitte sobre Tendencias de Tecnología, la realidad aumentada y virtual tienen el potencial de generar un compromiso más profundo al permitir que los consumidores interactúen con los productos de manera virtual antes de realizar una compra. Esta interacción inmersiva no solo crea una experiencia emocionalmente gratificante, sino que también reduce la incertidumbre en la toma de decisiones de compra, lo que lleva a una mayor conversión de ventas.

En este sentido, las estrategias de marketing pueden aprovechar estas tecnologías al permitir que los clientes "prueben" los productos de manera virtual antes de la compra. Por ejemplo, las tiendas de muebles pueden ofrecer experiencias de realidad aumentada que permitan a los clientes ver cómo se verían los muebles en su espacio antes de realizar la compra. Esto no solo proporciona un elemento de emoción y novedad, sino que también aborda una de las principales barreras de compra en línea: la incapacidad de interactuar físicamente con los productos.

No obstante, la aplicación exitosa de estas tecnologías exige un enfoque hábil en la narrativa publicitaria. Como señala el Instituto de Investigación de Medios Globales, la narrativa sigue siendo un pilar fundamental en el marketing efectivo. Aquí es donde entra en juego la publicidad experta, que no solo debe destacar las características del producto, sino también tejer una historia que involucre al consumidor en un viaje emocional. La historia debe capitalizar la tecnología emergente como un facilitador para que el consumidor se sumerja en la historia y se sienta parte de ella. Esto implica no solo resaltar las especificaciones técnicas, sino también comunicar cómo la tecnología transforma la vida del cliente de manera significativa.

Además, el análisis de datos se ha vuelto crucial en la creación de experiencias memorables y en la toma de decisiones informadas. Según el artículo "El papel de los datos en la experiencia del cliente" publicado en la revista Harvard Business Review, las empresas pueden utilizar los datos generados por la interacción del cliente con las experiencias tecnológicas para afinar y personalizar aún más sus estrategias de marketing y ventas. Al comprender cómo los clientes interactúan con las experiencias tecnológicas, las empresas pueden adaptar sus enfoques para satisfacer mejor las necesidades individuales, lo que resulta en una mayor lealtad y participación del cliente.

En el mundo del marketing y las ventas contemporáneo, la capacidad de utilizar tecnologías emergentes para crear experiencias memorables no es simplemente una opción, sino una necesidad imperante. La convergencia de la realidad aumentada y virtual con estrategias publicitarias sólidas y análisis de datos perspicaces presenta una oportunidad sin igual para revolucionar la forma en que los consumidores interactúan y se involucran con los productos y servicios. Es a través de esta sinergia que las empresas pueden realmente elevar sus esfuerzos comerciales a nuevos niveles y establecer relaciones profundas y duraderas con sus clientes, lo que a su vez conduce a un éxito sostenible en el mercado.

La realidad aumentada y virtual, en combinación con estrategias publicitarias sólidas, tienen el potencial de dar vida a la narrativa de una marca de una manera que nunca antes había sido posible. En lugar de depender únicamente de descripciones estáticas o representaciones bidimensionales, estas tecnologías permiten a los consumidores interactuar y explorar productos y servicios en entornos virtuales tridimensionales. Esta experiencia inmersiva no solo atrae la atención, sino que también crea una conexión emocional más profunda al involucrar múltiples sentidos y permitir una exploración personalizada.

Además, el análisis de datos perspicaces desempeña un papel esencial en esta ecuación. Al recopilar datos sobre cómo los consumidores interactúan con las experiencias de realidad aumentada y virtual, las empresas pueden obtener información valiosa sobre las preferencias individuales, los comportamientos de compra y las áreas de interés. Esta información puede aprovecharse para ajustar y mejorar continuamente las experiencias, lo que resulta en una mayor personalización y adaptación a las necesidades cambiantes de los consumidores.

Sin embargo, para lograr el máximo impacto de estas tecnologías emergentes, se requiere la orientación adecuada de expertos en marketing, ventas y publicidad. La implementación efectiva de la realidad aumentada y virtual no se trata solo de la tecnología en sí, sino de cómo se integra en la estrategia general de la marca. Los expertos en marketing y publicidad pueden dar forma a la narrativa que rodea a estas experiencias, asegurándose de que se alineen con los valores y la identidad de la marca. Además, los equipos de ventas pueden aprovechar estas experiencias para ofrecer presentaciones más impactantes y persuasivas, lo que puede tener un impacto directo en las tasas de conversión.

El aprovechamiento de tecnologías emergentes como la realidad aumentada y virtual para crear experiencias memorables no debe ser subestimado, ya que va más allá de la mera captación momentánea de la atención de los consumidores. Esta estrategia comercial se erige sobre la base de construir conexiones emocionales sólidas y duraderas con los clientes, lo que a su vez genera un valor considerable para las empresas. En lugar de centrarse únicamente en un impulso efímero, esta táctica busca establecer una relación más profunda y significativa con los consumidores.

La relevancia de estas tecnologías radica en su capacidad para ofrecer algo único y valioso a los clientes. La realidad aumentada y virtual tienen el potencial de transformar por completo la manera en que los consumidores interactúan con los productos y servicios. Al proporcionar una experiencia inmersiva y envolvente, las empresas pueden elevar su propuesta de valor a niveles sin precedentes. Esto permite a los consumidores explorar y experimentar los productos de una manera completamente nueva, lo que puede generar un sentido de asombro y deleite que perdura mucho después de que haya terminado la experiencia inicial.

Sin embargo, para capitalizar plenamente estas tendencias, es esencial un enfoque adecuado y una colaboración estrecha entre expertos en marketing, ventas y publicidad. La sinergia entre estas áreas garantiza que la estrategia de realidad aumentada y virtual se integre de manera coherente en todas las fases del ciclo del cliente. Desde la creación de conciencia hasta la decisión de compra y la fidelización posterior, estas tecnologías deben estar entrelazadas de manera fluida para lograr el máximo impacto.

Es relevante destacar que la adopción exitosa de la realidad aumentada y virtual puede conducir a un cambio fundamental en la forma en que los consumidores experimentan y se relacionan con los productos y servicios. Esto, a su vez, puede traducirse en un éxito comercial sostenible en un mercado cada vez más competitivo. Aquellas empresas que logren implementar estas tecnologías de manera efectiva no solo pueden destacar entre la multitud, sino que también están posicionadas para establecer una ventaja competitiva a largo plazo.

La implementación estratégica de tecnologías emergentes como la realidad aumentada (RA) y la realidad virtual (RV) en el ámbito empresarial va más allá de un simple truco para captar la atención superficial de los consumidores. Esta estrategia implica un enfoque más profundo y significativo, buscando establecer conexiones emocionales sólidas y duraderas con la audiencia, a través de la creación de experiencias genuinamente únicas y valiosas. En un mundo donde la competencia comercial se intensifica constantemente, el uso efectivo de estas tecnologías puede marcar la diferencia entre el éxito y la obsolescencia de una empresa.

La colaboración entre expertos de diversas disciplinas es un factor crucial en la implementación exitosa de la RA y la RV. La ingeniería, el diseño de experiencia de usuario, la psicología cognitiva y otros campos deben converger para lograr una integración fluida y convincente de estas tecnologías en las operaciones comerciales. Por ejemplo, al crear una experiencia de compra en una tienda de ropa utilizando la RA, los diseñadores deben trabajar en conjunto con los desarrolladores para asegurarse de que los elementos virtuales se superpongan perfectamente con el entorno físico, mientras que los psicólogos pueden contribuir al diseño de interacciones que generen emociones positivas en los clientes.

Además, un enfoque claro y bien definido es esencial para aprovechar al máximo el potencial de la RA y la RV. Las empresas deben entender que estas tecnologías no son simplemente para "agregar un toque moderno", sino que deben alinearse con los objetivos y valores de la marca. Por ejemplo, una compañía de turismo podría utilizar la RV para permitir a los clientes potenciales experimentar virtualmente los destinos que ofrece, creando así un vínculo emocional con la idea de viajar. Esta conexión emocional puede resultar en una mayor probabilidad de conversión de ventas.

La redefinición de la forma en que los consumidores interactúan con los productos y servicios de una empresa puede impulsar un éxito comercial sostenible. Al proporcionar experiencias memorables y relevantes, la RA y la RV pueden fomentar la lealtad del cliente y aumentar la retención a largo plazo. Los consumidores que han tenido interacciones positivas y memorables con una marca a través de estas tecnologías son más propensos a convertirse en defensores de la marca, compartiendo sus experiencias positivas con otros y generando así un efecto de boca a boca amplificado.

Parte IV: Publicidad que Conquista en la Era Digital

La era digital ha traído consigo un cambio significativo en la forma en que se aborda la publicidad, transformando por completo la manera en que las marcas se conectan con su audiencia. En este contexto, es crucial comprender cómo la publicidad puede verdaderamente conquistar en esta era digital, aprovechando las herramientas y estrategias adecuadas para maximizar su impacto. A través de un análisis exhaustivo, combinando las perspectivas de expertos en escritura, marketing, ventas y publicidad, se puede arrojar luz sobre cómo lograr una publicidad efectiva en la era digital.

El Poder de la Palabra Escrita:

Desde un punto de vista de escritor experto, es innegable que el contenido sigue siendo el rey en la era digital. La palabra escrita tiene el poder de persuadir, informar y entretener a la audiencia de manera única. En este sentido, la creación de contenido relevante, valioso y atractivo es fundamental para captar y mantener la atención del público. Según Neil Patel, reconocido experto en marketing digital, en su artículo "The Power of Written Content in the Digital Age" (El poder del contenido escrito en la era digital), resalta cómo las publicaciones de blogs, artículos y redes sociales siguen siendo pilares en la estrategia de contenido, permitiendo a las marcas establecer su autoridad y establecer conexiones más profundas con los consumidores.

Estrategias de Marketing Centradas en el Cliente:

Un experto en marketing comprende que la publicidad efectiva en la era digital debe estar enraizada en una comprensión profunda de la audiencia objetivo. En este sentido, las estrategias de marketing centradas en el cliente se convierten en un diferenciador clave. De acuerdo con el informe de McKinsey "Putting Customers at the Center of Strategic Decision Making" (Poner a los clientes en el centro de la toma de decisiones estratégicas), cuando las marcas utilizan datos y análisis para comprender las necesidades y deseos de sus clientes, pueden personalizar sus mensajes publicitarios de manera más efectiva. Esto resulta en una mayor conexión emocional y una mayor probabilidad de conversión.

El Arte de la Venta en Línea:

En el contexto de la venta en línea, un experto en ventas reconocerá que la publicidad debe trascender la mera promoción de productos. Según un estudio de HubSpot sobre "The Psychology of Selling Online" (La psicología de la venta en línea), se destaca la importancia de crear un sentido de urgencia y exclusividad en la publicidad en línea. Esto puede lograrse mediante la implementación de ofertas limitadas en el tiempo, descuentos exclusivos para compradores en línea y la presentación de testimonios de clientes satisfechos. Tal enfoque apela a la psicología del consumidor y puede aumentar significativamente las tasas de conversión.

Creatividad Impactante en Publicidad:

Un experto publicista entiende que la creatividad es un elemento esencial para destacar en la era digital. La sobrecarga de información en línea hace que sea crucial crear anuncios que capturen la atención de inmediato. De acuerdo con el informe de Adobe "The State of Creativity in Business" (El estado de la creatividad en los negocios), la mayoría de los profesionales de marketing creen que la creatividad es la clave para el éxito en la publicidad digital. Utilizar elementos visuales llamativos, contar historias emocionales y experimentar con nuevos formatos publicitarios puede hacer que la publicidad sea más memorable y efectiva.

En la era digital, la efectividad de la publicidad se ha vuelto un desafío aún mayor debido a la saturación de información y la volatilidad de la atención de los usuarios. Sin embargo, es posible argumentar que para lograr un éxito duradero en este entorno, las marcas deben adoptar una serie de elementos clave que han demostrado ser cruciales.

En primer lugar, el contenido escrito de calidad se presenta como un pilar fundamental. En un contexto donde la información fluye constantemente a través de diversos canales, las marcas que logran destacar son aquellas que ofrecen contenido valioso y relevante. La argumentación recae en el hecho de que, en medio del ruido digital, el contenido escrito bien elaborado tiene el poder de captar la atención, transmitir mensajes de manera efectiva y establecer la autoridad de la marca en su nicho.

En segundo lugar, las estrategias centradas en el cliente se presentan como un elemento crucial en la publicidad en la era digital. Argumentativamente, los consumidores modernos demandan una experiencia personalizada y relevante.

Las marcas que investigan y comprenden las necesidades, deseos y comportamientos de su audiencia tienen una ventaja competitiva evidente. Al adaptar la publicidad para cumplir con estas expectativas, las marcas pueden establecer conexiones emocionales más profundas y ganar la confianza de su público.

En tercer lugar, el enfoque en la venta en línea se convierte en una necesidad ineludible en la publicidad en la era digital. La tendencia hacia el comercio electrónico ha experimentado un crecimiento exponencial, y este canal ofrece una oportunidad única para la argumentación de las marcas. Al incorporar llamados a la acción claros y ofrecer experiencias de compra fluidas, las marcas pueden traducir la atención generada por la publicidad en conversiones tangibles.

Por último, la creatividad impactante emerge como un diferenciador clave en la publicidad digital. La argumentación se basa en el hecho de que la competencia en línea es feroz, y las marcas necesitan sobresalir para ser notadas. Estrategias creativas, visuales y narrativas pueden dejar una impresión duradera en la mente del consumidor y generar un boca a boca digital valioso, lo que amplía el alcance de la publicidad más allá de las inversiones iniciales.

En la era digital, las marcas se encuentran en una batalla constante por captar la atención y fidelizar a su audiencia. Para triunfar en este escenario altamente competitivo, es fundamental adoptar un enfoque estratégico respaldado por argumentos sólidos. Cuatro elementos esenciales emergen como pilares sobre los cuales construir el éxito digital: contenido escrito de calidad, estrategias centradas en el cliente, enfoque en la venta en línea y creatividad impactante.

En primer lugar, el contenido escrito de calidad se erige como el cimiento sobre el cual se construye la presencia en línea. En un entorno donde la información fluye constantemente, las marcas deben ofrecer contenido que sea valioso, relevante y convincente. Artículos bien investigados, blogs informativos y copias atractivas no solo ayudan a las marcas a posicionarse como autoridades en sus respectivos campos, sino que también fomentan la confianza y el compromiso de la audiencia. Esto, a su vez, se traduce en una conexión más sólida y duradera con los consumidores.

En segundo lugar, las estrategias centradas en el cliente son imperativas para prevalecer en la era digital. Las marcas exitosas reconocen la importancia de comprender profundamente las necesidades, deseos y preferencias de su audiencia. Al utilizar datos y análisis para obtener una visión completa del comportamiento del consumidor, las empresas pueden adaptar sus estrategias de marketing de manera precisa. Al ofrecer soluciones personalizadas y experiencias relevantes, las marcas demuestran su compromiso genuino con sus clientes, lo que conduce a una lealtad a largo plazo y a recomendaciones boca a boca.

En tercer lugar, el enfoque en la venta en línea se ha convertido en un componente esencial de la estrategia de cualquier marca. La comodidad y la accesibilidad de las compras en línea han transformado la manera en que los consumidores adquieren productos y servicios. Las marcas que no solo tienen una presencia en línea sólida, sino que también ofrecen una experiencia de compra fluida y segura, tienen una ventaja competitiva significativa. La optimización de plataformas de comercio electrónico, la facilidad de navegación y la seguridad en las transacciones contribuyen a una experiencia de usuario positiva, lo que a su vez se traduce en conversiones y ventas incrementales.

En último lugar, la creatividad impactante es lo que permite a las marcas destacarse en medio del ruido digital. En un mundo saturado de información, captar la atención de manera efectiva es un desafío. Las marcas que abrazan la creatividad en sus campañas publicitarias, diseños de sitios web y estrategias de contenido tienen más probabilidades de dejar una impresión duradera en la mente de los consumidores. La originalidad y la innovación no solo generan interés, sino que también reflejan la personalidad única de una marca.

En el panorama digital altamente competitivo de hoy en día, lograr el éxito depende de una combinación de varios elementos clave: contenido de alta calidad, estrategias centradas en el cliente, un fuerte énfasis en las ventas en línea y una creatividad impactante. Estas directrices, cuando se integran en el enfoque de una marca, no solo le permiten destacarse, sino que también fomentan conexiones más profundas con su público objetivo, dejando así una marca perdurable en el ámbito digital.

El contenido de calidad se erige como la piedra angular de cualquier estrategia digital exitosa. En una era inundada de información, los consumidores se inclinan hacia el contenido que ofrece un valor genuino, relevancia y perspicacia. Las marcas que invierten en crear contenido bien investigado, informativo y atractivo demuestran su compromiso de satisfacer las necesidades de su audiencia. Al ofrecer contenido que educa, entretiene o resuelve problemas, estas marcas ganan credibilidad y generan confianza, posicionándose como líderes de opinión en la industria.

Además, la adopción de estrategias centradas en el cliente es crucial. La era digital ha empoderado a los consumidores con más opciones que nunca. Las marcas deben reconocer la individualidad de sus clientes y adaptar sus enfoques en consecuencia. Mediante el aprovechamiento de ideas basadas en datos, las marcas pueden anticipar las preferencias, comportamientos y puntos problemáticos de los clientes. Este conocimiento les permite personalizar las interacciones, proporcionar soluciones a medida y, en última instancia, mejorar la experiencia del cliente. Un cliente satisfecho es más propenso a convertirse en un defensor leal, fortaleciendo efectivamente la reputación de una marca a través del boca a boca y las reseñas positivas.

El cambio hacia las ventas en línea es innegable e irreversible. Las marcas que aprovechan eficazmente el ámbito del comercio electrónico capitalizan un mercado global, la accesibilidad y la conveniencia. Establecer una experiencia de compra en línea fluida, desde la navegación intuitiva hasta las opciones de pago seguras, demuestra el compromiso de una marca con la modernidad y la satisfacción del usuario. Además, una presencia en línea otorga a las marcas la capacidad de recopilar datos valiosos de los clientes, lo que les permite refinar sus estrategias y ofertas para una mejor alineación con los deseos del cliente.

La creatividad también desempeña un papel indispensable. En un espacio digital abarrotado, las campañas insulsas y genéricas se desvanecen en el ruido de fondo. Las marcas que se atreven a innovar y sorprender capturan la atención del público de manera más efectiva. Imágenes llamativas, narración cautivadora y campañas de marketing únicas no solo diferencian a una marca, sino que también despiertan curiosidad y participación. Los esfuerzos creativos memorables tienen el potencial de volverse virales, expandiendo el alcance de una marca mucho más allá de su audiencia inicial.

En el panorama competitivo actual, un enfoque multifacético no sólo es ventajoso sino imperativo para lograr el éxito digital. Es innegable que el ámbito digital se ha convertido en un ámbito fundamental para que las empresas prosperen, y esto requiere una convergencia de varios elementos estratégicos para navegar y conquistar eficazmente este dominio.

En primer lugar, la piedra angular de este enfoque multifacético es el contenido de calidad. En una era inundada de información, el contenido que cautiva, educa y resuena con la audiencia constituye un poderoso diferenciador. El contenido de alta calidad no sólo atrae a clientes potenciales sino que también establece una marca como una autoridad en su campo. Con el espacio digital saturado de contenido, sólo el material que cumple con estos estándares logra atravesar el ruido y generar un impacto duradero.

Además, las estrategias centradas en el cliente constituyen otro pilar vital de este enfoque. El panorama digital ha empoderado a los consumidores como nunca antes, brindándoles amplias opciones y una voz más fuerte. Las marcas que adaptan sus estrategias para abordar las necesidades, preferencias y puntos débiles únicos de su público objetivo demuestran una profunda comprensión de la dinámica en juego. Esto no sólo cultiva la lealtad del cliente, sino que también mejora el potencial de interacción y conversiones significativas.

Un aspecto igualmente indispensable es el establecimiento de una sólida infraestructura de ventas en línea. El consumidor moderno espera comodidad y fluidez en su experiencia de compra online. Una plataforma de comercio electrónico bien diseñada, respaldada por una logística y un servicio al cliente eficientes, puede influir significativamente en el triunfo digital de una marca. Los procesos de pago simplificados, las recomendaciones personalizadas y las devoluciones sin complicaciones ya no son lujos sino necesidades en la búsqueda del éxito digital.

En el panorama digital en constante evolución, la creatividad emerge como la fuerza impulsora que impulsa a una marca por encima de la competencia. Un enfoque impactante e innovador del marketing y la marca es esencial para eliminar el desorden y captar la atención de la audiencia. Ya sea a través de imágenes cautivadoras, campañas interactivas o estrategias poco convencionales, la creatividad tiene el potencial de dejar una huella imborrable en el espacio digital.

Publicidad Programática: Persuasión Automatizada

En la era digital actual, la publicidad programática ha emergido como una herramienta revolucionaria en el arsenal del mercadeo, permitiendo una persuasión automatizada que optimiza la interacción entre anunciantes y audiencias. Este capítulo explora a fondo este fenómeno, desglosando sus fundamentos, impacto en las ventas y su relevancia en la estrategia publicitaria moderna. Para respaldar nuestra discusión, se han consultado fuentes de autoridad en el campo del marketing y la publicidad programática.

La publicidad programática se basa en algoritmos inteligentes y análisis de datos en tiempo real para facilitar la compra y colocación automatizada de anuncios en línea. Esto permite una personalización sin precedentes, ya que los anuncios se pueden adaptar a las preferencias individuales de los consumidores, aumentando la relevancia y, por ende, la efectividad de las campañas publicitarias. Según un informe de eMarketer, se estima que el gasto en publicidad programática alcance los $147 mil millones para 2023, lo que subraya su creciente importancia en el panorama publicitario.

La persuasión automatizada se logra a través de la segmentación precisa del público objetivo. Los expertos en mercadotecnia reconocen que la clave para una estrategia exitosa radica en comprender a fondo a la audiencia. La publicidad programática permite esta comprensión a través del análisis de datos demográficos, comportamientos en línea e incluso preferencias en tiempo real. De acuerdo con un estudio de Harvard Business Review, las campañas altamente dirigidas tienen un aumento del 68% en la conversión en comparación con enfoques más genéricos.

En el ámbito de las ventas, la publicidad programática desempeña un papel crucial al atraer a los consumidores adecuados en el momento oportuno. Con el advenimiento de la inteligencia artificial y el aprendizaje automático, las plataformas de publicidad programática pueden predecir el comportamiento del consumidor y mostrar anuncios relevantes en el momento en que es más probable que realicen una compra. Esto se destaca en un informe de Forbes que señala que el 89% de los profesionales de marketing experimentaron un aumento en las ventas debido a la personalización y segmentación precisas que ofrece la publicidad programática.

El impacto de la persuasión automatizada en la estrategia publicitaria moderna es innegable. Los expertos publicistas concuerdan en que la publicidad programática ha transformado la forma en que se crean y entregan los anuncios. No se trata solo de mostrar anuncios, sino de brindar experiencias personalizadas y relevantes. Según un artículo de Adweek, el 75% de los anunciantes creen que la publicidad programática les permite llegar a sus audiencias de manera más efectiva que los métodos tradicionales.

La publicidad programática, sin duda, marca un hito significativo en la evolución de la persuasión automatizada en el ámbito de la publicidad. Su capacidad para entregar anuncios altamente relevantes a la audiencia adecuada en momentos precisos ha transformado radicalmente la manera en que se llevan a cabo las campañas publicitarias, y su eficacia en la mejora de las ventas y la optimización de las estrategias es respaldada de manera contundente por una serie de estadísticas y hallazgos provenientes de fuentes confiables. Por lo tanto, se puede afirmar con confianza que la publicidad programática no solo es una tendencia en constante crecimiento, sino que también se ha convertido en un componente indispensable en el panorama actual del marketing y la publicidad.

Una de las principales ventajas de la publicidad programática radica en su capacidad para dirigir los anuncios de manera precisa y personalizada. A través de la recopilación y el análisis de datos en tiempo real sobre el comportamiento en línea de los usuarios, esta estrategia puede identificar patrones y preferencias que permiten presentar anuncios que realmente resuenen con la audiencia. Esto no solo aumenta la probabilidad de generar interés y compromiso, sino que también maximiza la eficiencia de la inversión publicitaria al enfocarse en aquellos usuarios más propensos a convertirse en clientes.

Además, la publicidad programática aborda el desafío del desperdicio de impresiones. En los métodos publicitarios tradicionales, a menudo se mostraban anuncios a audiencias amplias y poco específicas, lo que resultaba en un uso ineficiente del presupuesto publicitario. La programática, por otro lado, utiliza algoritmos y tecnologías de aprendizaje automático para determinar en tiempo real la relevancia de un usuario potencial, lo que lleva a una distribución más precisa de los anuncios. Esto no solo reduce los costos innecesarios, sino que también aumenta la probabilidad de conversión al presentar los anuncios adecuados a las personas adecuadas.

Los resultados hablan por sí mismos. Según estudios realizados por instituciones de renombre en la industria, como eMarketer y Forrester Research, se ha demostrado que la publicidad programática puede generar un mayor retorno de la inversión en comparación con otros métodos publicitarios convencionales. Estos estudios han documentado casos en los que las campañas programáticas lograron aumentar las tasas de clics y conversiones en porcentajes significativos. Por ejemplo, una investigación realizada por eMarketer encontró que los anunciantes que utilizan la programática pudieron aumentar las tasas de clics en un 33% en comparación con los métodos de compra de anuncios tradicionales.

La afirmación de que la publicidad programática ha demostrado su valía al mejorar la efectividad de las campañas publicitarias y aumentar las ventas es respaldada por una gran cantidad de evidencia sólida y datos concretos provenientes de fuentes confiables. Este enfoque publicitario ha logrado destacarse en el panorama actual de marketing y publicidad al proporcionar una forma altamente eficiente y precisa de entregar anuncios relevantes a la audiencia correcta en el momento adecuado.

En primer lugar, se debe considerar el aspecto de la precisión. La publicidad programática utiliza algoritmos avanzados y análisis de datos para identificar a la audiencia objetivo y mostrar anuncios que se alineen estrechamente con los intereses y comportamientos de dicha audiencia. Esto resulta en una entrega más precisa de los anuncios, lo que a su vez aumenta la probabilidad de captar la atención del usuario y generar una respuesta positiva. Según un informe de eMarketer, se ha observado que la publicidad programática tiene tasas de clics significativamente más altas en comparación con los métodos de publicidad convencionales, lo que resalta su capacidad para mejorar la efectividad de las campañas.

Además, la publicidad programática aborda de manera efectiva el problema del desperdicio de impresiones. En el pasado, las campañas publicitarias podían dirigirse a audiencias amplias y poco específicas, lo que resultaba en un uso ineficiente de recursos y presupuesto. Sin embargo, con la programación automatizada y la segmentación precisa, los anuncios se muestran solo a aquellos que son más propensos a estar interesados, lo que reduce significativamente el desperdicio de impresiones en audiencias no relevantes. Un informe de la Asociación Nacional de Anunciantes (ANA) indicó que la publicidad programática contribuyó a una reducción del 64% en el desperdicio de impresiones en comparación con los métodos de compra de medios tradicionales.

Por último, no se puede pasar por alto el impacto financiero positivo que tiene la publicidad programática. La capacidad de segmentación precisa y entrega optimizada de anuncios se traduce en un mayor retorno de la inversión para los anunciantes. La consultora McKinsey encontró que los anunciantes que adoptaron la publicidad programática experimentaron un aumento del 10-20% en la eficiencia del gasto publicitario. Este aumento se debe a la optimización constante que permite la programática, ajustando las campañas en tiempo real para obtener los mejores resultados posibles.

En el vertiginoso mundo del marketing contemporáneo, la búsqueda constante de métodos más precisos y eficientes para llegar a los consumidores es un imperativo ineludible. En este contexto, la publicidad programática se ha erigido como un instrumento insustituible y está destinada a mantener su posición crucial en la constante evolución del marketing automatizado y persuasivo. La irrupción de la publicidad programática ha llevado la orientación de la audiencia y la compra de espacios publicitarios a un nivel de granularidad sin precedentes, permitiendo a los anunciantes no solo alcanzar a su público objetivo con mayor exactitud, sino también optimizar el uso de sus recursos.

Una de las características primordiales que define la eficacia de la publicidad programática es su enfoque altamente dirigido. A diferencia de los enfoques publicitarios tradicionales, que a menudo dependen de suposiciones generales sobre las preferencias del público, la publicidad programática se basa en datos concretos y en tiempo real. A través del análisis de datos demográficos, comportamientos de navegación y otros indicadores, esta forma de publicidad permite a las marcas presentar sus mensajes de manera personalizada y específica a aquellos individuos que tienen más probabilidades de estar interesados en sus productos o servicios. Esto no solo mejora la efectividad de las campañas, sino que también minimiza el derroche de recursos al dirigirse solo a audiencias pertinentes.

Además, la publicidad programática aborda de manera directa uno de los desafíos perennes del marketing: la optimización del tiempo y los recursos financieros. Antaño, la compra de espacios publicitarios implicaba negociaciones prolongadas y la inversión de fondos en ubicaciones que no siempre generaban los resultados deseados. En contraste, la publicidad programática se basa en algoritmos y automatización, lo que agiliza significativamente el proceso de adquisición de espacios publicitarios. Las subastas en tiempo real y los sistemas de oferta y demanda permiten a las marcas pujar por impresiones publicitarias específicas, lo que garantiza que cada exposición sea relevante y valiosa. Esto ahorra tiempo y dinero al enfocar los recursos en impresiones que tienen un alto potencial de conversión, aumentando así el retorno de la inversión.

No obstante, es crucial señalar que la eficacia de la publicidad programática no está exenta de desafíos y consideraciones éticas. La recopilación y el uso de datos personales plantean preocupaciones sobre la privacidad de los usuarios, y la sobreexposición a anuncios específicos podría llevar a la fatiga publicitaria. Además, la falta de contexto humano en la toma de decisiones automatizadas puede dar lugar a malentendidos o decisiones inapropiadas en ciertos casos.

A medida que avanzamos en una era digital en constante transformación, es innegable que la publicidad programática ha demostrado ser una herramienta eficaz en la promoción de productos y servicios de manera eficiente y personalizada. Examinemos más de cerca por qué esta afirmación es válida.

En primer lugar, la publicidad programática se basa en algoritmos y tecnologías avanzadas que permiten la segmentación precisa de la audiencia. A través del análisis de datos y el comportamiento del usuario, las plataformas programáticas pueden dirigir anuncios específicamente a aquellos que tienen más probabilidades de estar interesados en el producto o servicio ofrecido. Esto no solo aumenta la relevancia de los anuncios, sino que también optimiza el gasto publicitario al dirigirse únicamente a un público objetivo altamente específico.

Además, la automatización en la publicidad programática permite una distribución más rápida y eficiente de los anuncios en una variedad de canales y plataformas. En un mundo donde la atención de los consumidores es fugaz, poder llegar a ellos en el momento adecuado y en el lugar correcto es crucial. La programática facilita este proceso al ajustar automáticamente la entrega de anuncios según el comportamiento en línea y otros factores, lo que maximiza las posibilidades de interacción con el público objetivo.

En cuanto a la persuasión, la publicidad programática tiene el potencial de personalizar los mensajes de manera que resuenen con cada individuo. Mediante el uso de datos demográficos, intereses y comportamientos previos, los anuncios pueden adaptarse para generar una conexión emocional más profunda con el receptor. Esta capacidad de personalización no solo aumenta la probabilidad de conversión, sino que también contribuye a la construcción de relaciones sólidas entre la marca y los consumidores.

Por otro lado, el avance de la inteligencia artificial y el aprendizaje automático continúa en constante progresión. Esto significa que la publicidad programática solo mejorará con el tiempo, volviéndose más sofisticada y precisa en la selección de audiencias y en la optimización de estrategias publicitarias. La combinación de estas tecnologías emergentes con la creatividad humana dará lugar a campañas publicitarias más impactantes y efectivas.

Uso de algoritmos y datos para optimizar campañas publicitarias.

El uso de algoritmos y datos para optimizar campañas publicitarias constituye un enfoque fundamental en la era contemporánea del marketing. Esta estrategia ha ganado prominencia debido a su capacidad demostrada para mejorar la eficacia de las campañas y alcanzar resultados sólidos en el mundo altamente competitivo de hoy. En este capítulo, exploraremos detalladamente cómo la sinergia entre el expertise en marketing, las habilidades en ventas y la astucia en publicidad pueden ser potenciadas por la inteligencia de los algoritmos respaldados por datos confiables y relevantes.

Uno de los pilares centrales de la optimización de campañas publicitarias es la capacidad de los algoritmos para analizar enormes volúmenes de datos en tiempo real. Esto permite a los expertos en marketing identificar patrones, tendencias y preferencias del consumidor de una manera que antes era impensable. Según un informe de McKinsey & Company, el uso efectivo de datos y análisis puede aumentar el ROI de marketing hasta en un 20%. Al aprovechar estos insights, los expertos en ventas pueden adaptar sus estrategias para satisfacer las demandas cambiantes de los consumidores, optimizando así las conversiones y cerrando más tratos.

Los algoritmos también son excepcionalmente aptos para la segmentación precisa del público objetivo. Al comprender las características demográficas, comportamientos de compra y preferencias de diferentes segmentos de clientes, las campañas publicitarias pueden ser personalizadas de manera efectiva. Un estudio de la Asociación de Marketing Directo de Estados Unidos encontró que la personalización de anuncios puede aumentar las tasas de respuesta hasta en un 50%. Este nivel de personalización, impulsado por los algoritmos, permite a los expertos publicistas crear contenido que resuene con los consumidores en un nivel individual.

No obstante, es crucial destacar que la implementación exitosa de algoritmos y datos en las campañas publicitarias requiere una comprensión profunda de la ética en la recopilación y uso de datos. La confianza del consumidor es esencial para el éxito a largo plazo de cualquier estrategia publicitaria. Los expertos mercadólogos deben asegurarse de que los datos se recopilen de manera transparente y se utilicen de manera responsable, siguiendo los principios de privacidad y seguridad. Un estudio de Edelman reveló que el 81% de los consumidores considera que la confianza en una marca es un factor decisivo en su decisión de compra.

La convergencia de algoritmos y datos en la optimización de campañas publicitarias marca un hito en la industria, al fusionar la destreza en marketing, la habilidad en ventas y la inventiva publicitaria con la formidable capacidad de análisis de los algoritmos respaldados por datos precisos. En este argumento, se explorará cómo esta sinergia potencia no solo la eficacia de las campañas, sino también cómo refuerza las relaciones entre marcas y consumidores. A pesar de sus beneficios, es esencial subrayar la necesidad de abrazar este enfoque con una responsabilidad ética inquebrantable para salvaguardar la confianza del consumidor en el epicentro de todas las acciones.

En primer lugar, el uso de algoritmos respaldados por datos para afinar las campañas publicitarias conlleva a una optimización sin precedentes. Estos algoritmos tienen la capacidad de procesar enormes conjuntos de datos en tiempo real y derivar insights precisos. Como resultado, las estrategias publicitarias pueden adaptarse de manera dinámica según las preferencias y comportamientos cambiantes de los consumidores. Esto lleva a una mayor precisión en la segmentación del público objetivo y a la personalización de los mensajes publicitarios, lo que aumenta la relevancia y el impacto de las campañas. Además, al analizar la retroalimentación en tiempo real, los anunciantes pueden ajustar las tácticas sobre la marcha, maximizando así la eficiencia de la inversión publicitaria.

En segundo lugar, la conjunción de la experiencia en marketing y las habilidades en ventas con la potencia de los algoritmos y los datos crea una amalgama poderosa. Los profesionales de marketing y publicidad aportan una comprensión profunda de las dinámicas del mercado y el comportamiento del consumidor. Al combinar esta pericia con el análisis impulsado por algoritmos, se genera un enfoque holístico que considera tanto los elementos cuantitativos como cualitativos de la toma de decisiones publicitarias. Esto no solo potencia la eficacia de las campañas, sino que también fomenta la innovación al permitir la exploración de enfoques creativos respaldados por datos.

No obstante, mientras se abraza este enfoque de optimización de campañas publicitarias, es imperativo mantener una responsabilidad ética rigurosa. Los datos de los consumidores deben ser manejados con el más alto grado de seguridad y privacidad. La recopilación y el uso de datos deben realizarse de manera transparente, obteniendo el consentimiento informado de los individuos. Además, los algoritmos deben ser diseñados para evitar la discriminación y los sesgos, garantizando que las campañas no perpetúen estereotipos ni perjudiquen a grupos específicos de personas.

La fusión de la experiencia en marketing, las habilidades en ventas y la creatividad publicitaria con el poder de los algoritmos respaldados por datos ofrece un enfoque que tiene el potencial de revolucionar las campañas publicitarias. Esta combinación trae consigo una efectividad más elevada al impulsar la precisión, la personalización y la adaptabilidad en los esfuerzos publicitarios, lo que en última instancia fomenta relaciones más sólidas entre las marcas y los consumidores. Sin embargo, es imperativo que esta estrategia se lleve a cabo con un profundo sentido de responsabilidad ética para garantizar la confianza del consumidor en cada etapa de su implementación.

Indudablemente, la sinergia entre la experiencia en marketing tradicional, las habilidades hábiles en ventas y las técnicas imaginativas de publicidad, cuando se combinan con las capacidades analíticas de los algoritmos respaldados por datos, resulta en un paradigma publicitario que no solo es potente, sino también notablemente eficiente. La precisión ofrecida por los algoritmos puede mejorar significativamente la orientación de segmentos específicos de consumidores, maximizando así el impacto de cada campaña. Esto no solo optimiza la asignación de recursos, sino que también mejora la probabilidad de convertir prospectos en clientes leales.

Además, la incorporación de algoritmos impulsados por datos brinda un nivel incomparable de personalización a los esfuerzos publicitarios. Mediante la extracción y el análisis de datos de los consumidores, los anunciantes pueden adaptar sus mensajes y contenido para alinearse perfectamente con las preferencias, comportamientos y necesidades de los consumidores individuales. Este nivel de personalización no solo capta la atención, sino que también establece una conexión emocional más profunda entre la marca y el consumidor, fomentando una sensación de empatía que trasciende los enfoques tradicionales de publicidad masiva.

Además, la adaptabilidad que ofrecen las campañas respaldadas por algoritmos es un cambio de juego en el ámbito de la publicidad. Las campañas tradicionales a menudo requieren ajustes manuales que pueden llevar tiempo y pueden no ser efectivos en escenarios de mercado dinámicos. Las campañas algorítmicas, por otro lado, pueden adaptarse rápidamente a las tendencias cambiantes, el sentimiento del consumidor e incluso factores externos, asegurando que el mensaje se mantenga relevante e impactante en un entorno en constante evolución.

No obstante, mientras recorremos este camino innovador, las consideraciones éticas deben permanecer en primer plano. La privacidad del consumidor y la seguridad de los datos son fundamentales. La recolección y utilización de los datos de los consumidores deben ser transparentes y se debe obtener el consentimiento cuando sea necesario. Los algoritmos deben estar programados para respetar las sensibilidades culturales, evitando cualquier contenido que pueda ser interpretado como ofensivo o discriminatorio.

La convergencia de la destreza en marketing tradicional con la precisión algorítmica indudablemente marca un capítulo emocionante en el ámbito de la publicidad contemporánea. Este fenómeno representa más que simplemente la fusión de dos enfoques aparentemente dispares; más bien, simboliza un equilibrio armonioso entre la innovación y la integridad en el mundo en constante evolución de la publicidad. A medida que avanzamos hacia este nuevo paradigma, es imperativo que los especialistas en marketing adopten una perspectiva que abrace no solo las ventajas técnicas, sino también las implicaciones éticas inherentes.

La incorporación de la destreza en marketing tradicional y la precisión algorítmica no solo amplifica la capacidad de llegar a audiencias específicas, sino que también potencia la capacidad de analizar y comprender los comportamientos del consumidor de manera más profunda y personalizada. Sin embargo, el poder inherente a esta fusión lleva consigo una carga de responsabilidad. Si bien es cierto que los algoritmos pueden desentrañar patrones y tendencias que antes eran inaccesibles, también es verdad que estos algoritmos se basan en datos que deben ser recopilados y procesados. La responsabilidad ética radica en cómo se obtienen, utilizan y protegen estos datos.

En este sentido, los especialistas en marketing deben ejercer un control riguroso sobre la obtención de datos, asegurándose de que se recopilen de manera legal y transparente, respetando la privacidad y los derechos de los consumidores. La integridad en el uso de datos es fundamental para construir y mantener la confianza del público. La implementación de prácticas de obtención de datos éticas no solo es una cuestión legal, sino también una estrategia comercial inteligente a largo plazo.

Además, la aplicación ética de la convergencia de destreza en marketing y precisión algorítmica también implica la consideración de las implicaciones sociales y culturales. Si bien es tentador centrarse únicamente en la optimización de los resultados, no se debe pasar por alto el impacto que ciertas estrategias de publicidad algorítmica pueden tener en la percepción pública, especialmente si se perciben como intrusivas o manipuladoras. Aquí, la responsabilidad recae en la evaluación constante de cómo las estrategias publicitarias afectan a las audiencias y en la disposición de ajustarlas si es necesario para evitar daños no deseados.

La convergencia de la destreza en marketing tradicional con la precisión algorítmica no puede ser subestimada, ya que presenta una oportunidad significativa para revolucionar la publicidad en la era moderna. Esta fusión de enfoques puede dar lugar a una nueva era de publicidad que no solo es efectiva en términos de alcance y conversión, sino que también es altamente eficiente en la asignación de recursos y en la adaptación a las preferencias cambiantes de los consumidores. Sin embargo, la mera implementación de esta estrategia no es suficiente; debe ir acompañada de una responsabilidad ética sólida en cada fase de su ejecución.

Es innegable que la tecnología algorítmica ha aportado una profunda comprensión de los comportamientos y preferencias de los consumidores. Los datos recopilados permiten a las marcas adaptar sus mensajes de manera precisa y personalizada, lo que a su vez aumenta la probabilidad de que los consumidores se sientan atraídos por los anuncios y consideren los productos o servicios anunciados. Este nivel de precisión no solo beneficia a las marcas al aumentar la efectividad de sus campañas, sino que también es un beneficio para los consumidores, ya que se les presentan productos y servicios que se alinean con sus necesidades y deseos individuales.

No obstante, es crucial reconocer que este poder algorítmico conlleva una gran responsabilidad ética. La recopilación masiva de datos plantea preocupaciones sobre la privacidad y la seguridad de la información personal de los consumidores. La utilización inadecuada de estos datos puede resultar en la violación de la confianza del consumidor y en la exposición a prácticas publicitarias manipuladoras. Por lo tanto, se debe establecer una regulación sólida para garantizar que la recopilación y el uso de datos se realicen de manera transparente y con el consentimiento informado de los consumidores.

Además, la personalización extrema puede llevar a la creación de "burbujas de filtro", donde los consumidores solo están expuestos a perspectivas y productos que refuerzan sus opiniones existentes. Esto limita la diversidad de información a la que están expuestos, lo que podría tener un impacto negativo en la sociedad en términos de polarización y falta de comprensión entre diferentes grupos. Las marcas deben considerar su responsabilidad social en este sentido y garantizar que sus algoritmos no perpetúen divisiones.

Publicidad Nativa y Contenido Persuasivo

En el dinámico mundo del marketing contemporáneo, la Publicidad Nativa y el Contenido Persuasivo emergen como herramientas cruciales para establecer una conexión efectiva entre las marcas y su audiencia. Estos enfoques no solo buscan transmitir mensajes publicitarios, sino que también aspiran a ofrecer un valor añadido a los consumidores, integrándose de manera coherente y no intrusiva en su experiencia de consumo de contenido. La simbiosis entre la Publicidad Nativa y el Contenido Persuasivo crea una sinergia que no sólo impulsa las ventas, sino que también fortalece la lealtad del cliente y la percepción positiva de la marca.

La Publicidad Nativa, también conocida como contenido patrocinado, se caracteriza por su habilidad para fundirse de manera armoniosa con el entorno editorial en el que se presenta. Esta técnica se manifiesta en diversos formatos, como artículos, videos o publicaciones en redes sociales, adaptándose a la forma y función del canal elegido. Según un informe de eMarketer, se espera que el gasto en publicidad nativa continúe en aumento, superando los $52 mil millones para el año 2023. Esto resalta la creciente importancia que las empresas otorgan a la creación de contenido que se sienta natural y atractivo para los consumidores, evitando interrupciones abruptas y generando un flujo más orgánico de información promocional.

Por otro lado, el Contenido Persuasivo se presenta como un componente clave en la construcción de una estrategia de Publicidad Nativa efectiva. La capacidad de persuasión radica en la habilidad de comunicar un mensaje convincente y convincentemente, llevando al receptor a tomar la acción deseada. Los expertos en ventas y mercadotecnia han demostrado que los elementos emocionales y narrativos desempeñan un papel fundamental en este proceso. De acuerdo con un estudio publicado en el Journal of Advertising Research, los mensajes persuasivos que evocan emociones positivas tienen un impacto significativamente mayor en la intención de compra. Esto subraya la importancia de construir narrativas que resuenen con los valores y aspiraciones del público objetivo.

La combinación de Publicidad Nativa y Contenido Persuasivo no solo requiere una comprensión profunda de la marca y su audiencia, sino también una creatividad excepcional para generar contenido auténtico y relevante. Algunas marcas han logrado maestría en esta área al adoptar enfoques narrativos que capturan la esencia de su identidad y conectan con los consumidores en un nivel más profundo. Un ejemplo notable es la campaña "Share a Coke" de Coca-Cola, que personalizó sus envases con nombres populares, fomentando así la conexión emocional y generando un aumento del 2.5% en ventas de bebidas en el primer año de la campaña.

La Publicidad Nativa y el Contenido Persuasivo, sin duda, constituyen un dúo poderoso en el arsenal de marketing contemporáneo. Estas dos estrategias no solo son capaces de atraer a los consumidores, sino que también pueden moldear sus percepciones y decisiones de manera significativa. A través de su habilidad para presentarse como información valiosa y atractiva en lugar de anuncios intrusivos, la Publicidad Nativa logra establecer un vínculo más genuino con el público. Por otro lado, el Contenido Persuasivo entra en juego para influir sutilmente en la mentalidad de los consumidores, llevándolos a considerar y, finalmente, elegir los productos o servicios promovidos.

Una de las ventajas más notables de la Publicidad Nativa es su capacidad para fusionarse con el entorno en el que se presenta. Al emular el formato y el tono del contenido circundante, evita activamente la resistencia que a menudo se encuentra en los anuncios tradicionales. Esto resulta en una experiencia menos disruptiva para los consumidores, quienes están más inclinados a consumir el contenido y, por lo tanto, a absorber el mensaje que se les presenta. Además, al sentir que están recibiendo información valiosa en lugar de ser objeto de una venta agresiva, los consumidores tienden a confiar más en la marca detrás de la publicidad nativa.

En este punto, entra en juego el Contenido Persuasivo para aprovechar esa confianza establecida. A través de técnicas de persuasión bien diseñadas, como la creación de escasez, la presentación de testimonios convincentes y la exposición de beneficios claros, el contenido persuasivo busca guiar sutilmente las decisiones de compra de los consumidores. Al presentar los productos o servicios de manera convincente, sin parecer forzados ni excesivamente promocionales, se crea un ambiente en el que los consumidores se sienten más inclinados a considerar seriamente lo que se les ofrece.

Sin embargo, es esencial reconocer que existe un equilibrio delicado entre la persuasión y la autenticidad. La línea entre brindar información valiosa y manipular a los consumidores puede ser delgada, y si se cruza, podría tener consecuencias negativas para la percepción de la marca. Los consumidores modernos son cada vez más conscientes de las tácticas de marketing y pueden rechazar cualquier intento de manipulación. Por lo tanto, es fundamental que tanto la Publicidad Nativa como el Contenido Persuasivo se enfoquen en proporcionar valor genuino y soluciones reales a las necesidades de los consumidores.

La combinación de Publicidad Nativa y Contenido Persuasivo en el ámbito del marketing es una estrategia que, cuando se implementa adecuadamente, puede generar un impacto significativo en términos de ventas y relaciones duraderas con los consumidores. Sin embargo, es esencial reconocer que este enfoque efectivo debe estar arraigado en principios de transparencia y autenticidad para evitar alienar a los consumidores modernos y para salvaguardar la integridad de la marca en un entorno comercial en constante evolución.

En primer lugar, la Publicidad Nativa ofrece una oportunidad única para conectarse con los consumidores de manera más orgánica. Al integrar los anuncios en el flujo de contenido ya existente, se disminuye la sensación de interrupción, lo que permite a las marcas alcanzar a su audiencia de manera más efectiva. Esta integración suave crea un terreno propicio para establecer una relación auténtica con los consumidores, ya que los anuncios no se sienten forzados ni intrusivos. Además, al generar contenido que se adapte al contexto en el que se presenta, se aumenta la probabilidad de que los consumidores se involucren con él y se genere una impresión duradera en sus mentes.

No obstante, la Publicidad Nativa por sí sola puede no ser suficiente para influir en las decisiones de compra de los consumidores. Es aquí donde entra en juego el Contenido Persuasivo. Utilizando elementos de persuasión como la narrativa convincente, el uso efectivo de pruebas sociales y la apelación emocional, las marcas pueden guiar sutilmente a los consumidores hacia la acción deseada. Sin embargo, es crucial mantener un equilibrio entre la persuasión y la honestidad. Las tácticas persuasivas deben ser éticas y veraces, evitando cualquier forma de manipulación engañosa que pueda socavar la confianza del consumidor en la marca.

La transparencia es un pilar fundamental en esta estrategia combinada. Los consumidores modernos valoran la honestidad y la autenticidad en la publicidad. Revelar de manera clara y visible que un contenido es patrocinado o promocional permite que los consumidores tomen decisiones informadas. Ocultar la naturaleza publicitaria de un contenido puede resultar en la pérdida de confianza y credibilidad por parte de la audiencia, lo que, a la larga, puede ser perjudicial para la marca.

En la actualidad, la dinámica empresarial se encuentra en un estado de constante evolución debido a diversos factores como avances tecnológicos, cambios en las preferencias del consumidor y la competencia global. En este contexto, surge la cuestión de cómo las empresas pueden lograr resultados sobresalientes en términos de ventas y relaciones a largo plazo, al mismo tiempo que cultivan la confianza y la lealtad de sus clientes. Una estrategia que ha demostrado ser efectiva es la combinación de enfoques tradicionales y modernos en la gestión de ventas y relaciones con los clientes.

En primer lugar, no se puede subestimar la importancia de los enfoques tradicionales en la gestión de ventas y relaciones con los clientes. Estos enfoques, que han resistido la prueba del tiempo, se basan en valores fundamentales como la atención personalizada y el servicio al cliente excepcional. Un trato amable y respetuoso, la resolución de problemas de manera proactiva y el establecimiento de conexiones emocionales genuinas son elementos que han demostrado construir la confianza y la lealtad del cliente a lo largo de los años. Las empresas deben seguir fomentando estas prácticas en su estrategia actual, ya que el factor humano y el toque personal siguen siendo esenciales en la construcción de relaciones sólidas.

Sin embargo, no se puede negar que vivimos en una era digital en constante evolución. Las tecnologías emergentes y las plataformas en línea han transformado la forma en que las empresas interactúan con sus clientes y llevan a cabo sus operaciones comerciales. Aquí es donde los enfoques modernos entran en juego. La recopilación y el análisis de datos son herramientas cruciales para comprender las preferencias y necesidades del cliente de manera más precisa. Las empresas pueden aprovechar el poder de los algoritmos y el aprendizaje automático para personalizar las ofertas y recomendaciones, lo que a su vez puede aumentar significativamente las ventas y la satisfacción del cliente.

Además, las redes sociales y las plataformas en línea proporcionan canales adicionales para la interacción con los clientes. Las empresas pueden utilizar estas plataformas para promover productos, brindar soporte instantáneo y recopilar comentarios en tiempo real. Esta interacción constante no solo aumenta la visibilidad de la marca, sino que también permite a las empresas abordar las inquietudes de los clientes de manera rápida y efectiva, lo que nuevamente contribuye a la construcción de relaciones sólidas.

En el actual panorama empresarial en constante evolución, es esencial que las empresas encuentren un equilibrio entre las prácticas comerciales tradicionales y las oportunidades que ofrece la tecnología. La clave radica en aprovechar tanto las estrategias probadas como las herramientas digitales para lograr un éxito sostenible. En este sentido, es crucial que las empresas aprovechen las ventajas de la tecnología, como el análisis de datos y las plataformas en línea, para potenciar su enfoque en la personalización, la interacción y la eficiencia.

La tecnología de análisis de datos permite a las empresas recopilar y procesar grandes cantidades de información sobre sus clientes y sus comportamientos de compra. Al aplicar análisis avanzados a estos datos, las empresas pueden obtener conocimientos profundos sobre las preferencias y necesidades individuales de los clientes. Esto, a su vez, les permite personalizar sus ofertas y mensajes de marketing de manera mucho más precisa. Por ejemplo, una tienda en línea puede utilizar datos de navegación y compras anteriores para recomendar productos específicos que se ajusten a los intereses de cada cliente. Esta personalización aumenta la relevancia de las ofertas, lo que a su vez aumenta la probabilidad de conversión y fomenta la satisfacción del cliente.

Además, las plataformas en línea ofrecen un medio eficaz para interactuar con los clientes de manera directa y rápida. Las redes sociales, los chats en vivo y otros canales digitales permiten a las empresas establecer conexiones más cercanas con sus clientes, responder a sus consultas de manera oportuna y brindar un servicio al cliente excepcional. Esta interacción en tiempo real no solo resuelve problemas de manera eficiente, sino que también crea un sentido de conexión entre la empresa y el cliente. Los clientes satisfechos con la atención que reciben tienen más probabilidades de repetir sus compras y recomendar la marca a otros.

En términos de eficiencia, la tecnología puede optimizar los procesos internos de una empresa, lo que a su vez se refleja en la experiencia del cliente. Los sistemas automatizados de gestión de inventario, por ejemplo, garantizan que los productos estén disponibles cuando los clientes los deseen, evitando retrasos y decepciones. Asimismo, las herramientas de análisis pueden ayudar a identificar patrones de demanda y tendencias del mercado, lo que permite a las empresas ajustar sus estrategias de producción y marketing de manera más precisa.

Integración de anuncios en el contenido de manera sutil y efectiva.

La integración de anuncios en el contenido de manera sutil y efectiva es una estrategia fundamental en el mundo del marketing y la publicidad contemporáneos. En un entorno saturado de información y anuncios llamativos, la capacidad de conectar con los consumidores de manera genuina y sin interrupciones se ha convertido en un arte que requiere un enfoque experto y sofisticado. En este sentido, tanto el escritor, el mercadólogo, el vendedor como el publicista desempeñan un papel crucial para lograr una integración exitosa que no solo atraiga la atención, sino que también impulse la participación y las conversiones. A través de la combinación de habilidades específicas y el conocimiento profundo del público objetivo, esta estrategia puede ofrecer resultados impactantes y medibles.

Los escritores tienen la responsabilidad de crear contenido valioso y relevante que resuene con la audiencia. Cuando se trata de integración de anuncios, esto implica tejer de manera orgánica los mensajes publicitarios en la narrativa general. En lugar de interrumpir bruscamente, los escritores deben incorporar los mensajes publicitarios de manera coherente con el tono y el estilo del contenido. Según un estudio realizado por Custom Content Council, el 72% de los consumidores siente que el contenido personalizado y relevante ayuda a generar una relación más sólida con la marca. Por lo tanto, citar fuentes confiables y relevantes en el contenido puede ser una excelente manera de brindar información valiosa mientras se integran de manera sutil los mensajes publicitarios.

Los expertos en marketing y ventas desempeñan un papel clave al identificar oportunidades para la integración de anuncios. Utilizando herramientas de análisis de datos y segmentación de audiencia, pueden determinar los momentos y lugares ideales para insertar los mensajes publicitarios de manera no intrusiva. Un informe de eMarketer resalta que el 46% de los profesionales del marketing considera que la personalización es la estrategia más efectiva para la integración de anuncios. Al comprender las necesidades y deseos individuales de los consumidores, los expertos en marketing pueden adaptar los anuncios de manera precisa y relevante, maximizando así su impacto.

Los publicistas, por su parte, tienen la tarea de transformar los mensajes publicitarios en contenido atractivo que se alinee con la marca y su identidad. Esto implica una comprensión profunda de los valores y la voz de la marca. Según un artículo en Harvard Business Review, la coherencia entre los valores de la marca y el contenido publicitario puede aumentar la lealtad del cliente y la confianza en un 23%. Al colaborar estrechamente con los escritores y los expertos en marketing, los publicistas pueden crear anuncios que se integren sin problemas en el contenido y mantengan la autenticidad de la marca.

Además, la integración perfecta de anuncios dentro del contenido no solo requiere experiencia, sino que también depende en gran medida del arte de comprender la psicología del consumidor. Un estudio publicado en el Journal of Consumer Psychology enfatiza que los consumidores se han vuelto cada vez más resistentes a los métodos publicitarios tradicionales e interrumpivos, lo que hace que el enfoque de integración sea aún más relevante. Esto subraya la importancia de crear mensajes que resuenen con las emociones y deseos del público, una tarea que requiere los esfuerzos colaborativos de escritores, especialistas en marketing, expertos en ventas y publicistas.

En el ámbito de la escritura, los expertos deben sumergirse en las profundidades de la narración para lograr una exitosa integración de anuncios. La narración tiene el poder de involucrar a las personas a un nivel personal, encendiendo conexiones emocionales que a menudo las publicidades tradicionales luchan por establecer. Al incorporar narrativas convincentes que incluyan de manera fluida elementos publicitarios, los escritores pueden evocar emociones que impulsan las acciones de los consumidores. Según un estudio de Nielsen Catalina Solutions, los anuncios integrados en contenido relevante pueden generar un aumento del 23% en las ventas. Esto demuestra cómo la estructura narrativa, cuando se entrelaza hábilmente con la publicidad, puede desencadenar respuestas de los consumidores que impactan significativamente en los resultados.

En manos de expertos en marketing y ventas calificados, los datos se convierten en la brújula que guía la estrategia de integración. A través de un análisis de datos exhaustivo, estos expertos obtienen ideas sobre el comportamiento del consumidor, las preferencias y los patrones de compra. Este conocimiento forma la base para identificar los momentos más oportunos para la colocación de anuncios. La investigación de HubSpot indica que las llamadas a la acción personalizadas, colocadas estratégicamente dentro de contenido valioso, pueden llevar a un aumento del 202% en las tasas de conversión. Esto subraya aún más el papel crítico que desempeña la experiencia en la interpretación de datos y el comportamiento del consumidor en la integración efectiva de anuncios.

La experiencia de los publicistas cobra protagonismo al traducir los mensajes de la marca en visuales atractivos y estimulantes. La estrategia de integración depende de diseñar anuncios que se mezclen perfectamente con la experiencia general del contenido. Harvard Business Review informa que la presentación coherente de la marca en todas las plataformas puede aumentar los ingresos hasta en un 23%. Los publicistas deben alinear la estética y el tono de los anuncios con el contenido en el que se insertan, asegurando que la transición de contenido a anuncio sea imperceptible. Este nivel de cohesión requiere una comprensión profunda de los principios de diseño, la psicología y las estrategias de marca.

Además, es importante reconocer que la efectividad de la integración sutil y efectiva de anuncios va más allá de las campañas individuales; contribuye a la percepción general de la marca y a la confianza. Según una encuesta realizada por Edelman, los consumidores tienden a confiar más en el contenido que se percibe como informativo en lugar de promocional. Esto subraya el valor de integrar los anuncios de manera fluida dentro del contenido, ya que fomenta un entorno en el que los consumidores ven a las marcas como fuentes de información valiosa en lugar de simples promotores.

Desde una perspectiva de ventas, el enfoque de integración se alinea bien con los principios de venta consultiva, donde el enfoque está en proporcionar valor y construir relaciones en lugar de simplemente ofrecer productos. Al incorporar anuncios informativos y relevantes en el contenido, los expertos en ventas pueden posicionarse como recursos que realmente abordan las necesidades del consumidor. Esta alineación estratégica resuena con los consumidores modernos que buscan soluciones personalizadas e información que fortalezca su proceso de toma de decisiones. Según revela un estudio de Salesforce, el 76% de los clientes espera que las empresas comprendan sus necesidades y expectativas.

En esta era de bloqueadores de anuncios y fatiga publicitaria, la exitosa integración de anuncios no es solo una cuestión de estrategia, sino también una consideración ética. La Coalición por Anuncios Mejores enfatiza la importancia de respetar las experiencias de los usuarios y evitar formatos de anuncios disruptivos. Al integrar los anuncios de manera fluida y no intrusiva, los expertos en diversas áreas pueden contribuir a un entorno en línea más positivo y atractivo para los usuarios, lo que en última instancia beneficia tanto a los consumidores como a los anunciantes.

Además, es imperativo resaltar que el éxito de la integración de anuncios no depende únicamente de la experiencia, sino que también requiere una adaptación continua a las tendencias cambiantes y los comportamientos de los consumidores. En la era digital, donde las preferencias de los usuarios son dinámicas, es crucial mantenerse informado sobre las tecnologías y plataformas emergentes. Un estudio profundo realizado por PwC revela que el 77% de los consumidores interactúan con marcas que ofrecen experiencias innovadoras. Esto subraya la necesidad de que los expertos en diversos campos se mantengan actualizados y ágiles en sus enfoques de integración de anuncios.

Para los escritores, el desafío radica en encontrar un equilibrio entre la creatividad y la autenticidad, al mismo tiempo que se adaptan a los nuevos formatos de contenido. A medida que la realidad virtual, la realidad aumentada y el contenido interactivo ganan terreno, los escritores deben adaptar sus habilidades para crear narrativas que incrusten de manera fluida anuncios dentro de estas experiencias inmersivas. Una investigación del Digital Marketing Institute sugiere que el contenido interactivo genera de 4 a 5 veces más vistas de página que el contenido estático, lo que indica el potencial de una mayor participación de la audiencia a través de la innovadora integración de contenido.

De manera similar, los especialistas en marketing y los expertos en ventas deben abrazar herramientas de análisis de datos en constante evolución que proporcionen información en tiempo real sobre el comportamiento del consumidor en diversas plataformas. El auge del marketing omnicanal, donde los consumidores interactúan con las marcas a través de varios puntos de contacto, requiere una comprensión integral de los recorridos del consumidor en diferentes canales. Un informe de Forbes destaca que las empresas con sólidas estrategias omnicanal retienen en promedio al 89% de sus clientes, lo que enfatiza la importancia de alinear hábilmente la integración de anuncios con estos intrincados recorridos del consumidor.

Los publicistas también deben mantenerse al día con las tendencias de diseño visual y los nuevos medios digitales emergentes. Con el aumento del contenido de video de formato corto en plataformas como TikTok e Instagram Reels, la capacidad para crear anuncios concisos pero impactantes se vuelve vital. Un estudio de Animoto indica que el 64% de los consumidores realiza una compra después de ver un video social de marca, ilustrando el potencial de la narración visual concisa dentro del ámbito de la integración de anuncios.

Además, la integración de anuncios en el contenido requiere una comprensión meticulosa de los matices culturales y las preferencias locales. A medida que el mundo se vuelve cada vez más conectado, las empresas están atendiendo a audiencias diversas que abarcan diferentes regiones geográficas. Adaptar la estrategia de integración para resonar con diferentes culturas e idiomas es esencial para lograr un alcance verdaderamente global. Una investigación realizada por Common Sense Advisory revela que el 72.4% de los consumidores son más propensos a comprar un producto con información en su propio idioma. Esto destaca el impacto significativo de la localización lingüística en el comportamiento del consumidor, enfatizando la necesidad de que los expertos incorporen sensibilidad cultural y experiencia lingüística en sus enfoques de integración.

En el campo del marketing, la colaboración entre los analistas de datos y los especialistas en marketing se vuelve primordial. La recopilación e interpretación de datos desempeñan un papel fundamental en la identificación de tendencias y comportamientos de la audiencia. La integración de datos de múltiples puntos de contacto, como interacciones en redes sociales, visitas al sitio web y respuestas por correo electrónico, permite a los especialistas en marketing crear ubicaciones de anuncios altamente personalizadas y efectivas. Un informe de McKinsey & Company sugiere que las empresas que utilizan estrategias de personalización basadas en datos pueden mejorar el ROI de marketing en un 10-30%. Esto demuestra cómo la sinergia entre las percepciones impulsadas por datos y la experiencia en marketing puede generar retornos sustanciales en el ámbito de la integración de anuncios.

Por otro lado, los profesionales de ventas deben mejorar sus habilidades para adaptarse al cambiante panorama de las ventas remotas y digitales. El cambio global hacia interacciones en línea ha llevado a los expertos en ventas a dominar el arte de la comunicación virtual y la construcción de relaciones.

Al integrar anuncios de manera que complementen las reuniones de ventas virtuales y el compromiso en línea, los expertos en ventas pueden aprovechar el poder de la integración de anuncios incluso en entornos virtuales. Una investigación de HubSpot indica que los mensajes de video personalizados en las firmas de correo electrónico pueden aumentar las tasas de respuesta hasta 8 veces, resaltando el potencial de combinar contenido personalizado con los esfuerzos de ventas.

Además, la integración de anuncios en el contenido exige comprender las consideraciones éticas y la responsabilidad social inherente a la publicidad. A medida que los expertos navegan por el panorama de la integración de anuncios, deben reconocer el poder que tienen para moldear percepciones e influir en las decisiones de los consumidores. Investigaciones de Nielsen sugieren que los consumidores confían más en las recomendaciones de sus pares y en el contenido de marca que en la publicidad tradicional. Esto resalta la importancia de la autenticidad y la transparencia en la integración de anuncios, reforzando la responsabilidad de los expertos de ofrecer contenido que respete la inteligencia de la audiencia.

En el ámbito del marketing, la colaboración entre los expertos se convierte en un catalizador para crear campañas que se alineen con los valores sociales y aborden problemas urgentes. La integración de mensajes impulsados por un propósito, que resaltan el compromiso de una marca con causas sociales y ambientales, puede resonar profundamente con los consumidores conscientes. Un estudio de Cone Communications revela que el 87% de los consumidores compraría un producto con un beneficio social o ambiental. Así, la alineación de las estrategias de marketing con preocupaciones éticas amplifica la efectividad de la integración de anuncios, creando conexiones que se extienden más allá de las interacciones transaccionales.

Para los profesionales de ventas, el enfoque de integración puede incluir prácticas éticas de venta que priorizan el bienestar del cliente. Al proporcionar soluciones que abordan genuinamente las necesidades del cliente, los expertos pueden construir confianza y relaciones a largo plazo. Un informe de Salesforce muestra que el 74% de los compradores empresariales son más propensos a comprar a una empresa que demuestra un enfoque centrado en el cliente. Esto subraya la importancia de alinear la integración de anuncios con un compromiso de resolver desafíos del cliente de manera ética y responsable.

En el gran tapiz de la integración efectiva de anuncios, la sinergia entre los escritores, los especialistas en marketing, los expertos en ventas y los publicistas teje una narrativa que va más allá del marketing convencional. Esta narrativa abarca la complejidad del comportamiento humano, las dinámicas de la tecnología y la brújula moral de la publicidad responsable. Mientras estos expertos colaboran para incrustar anuncios de manera fluida en el contenido, emprenden un viaje que fusiona la creatividad con la estrategia, la innovación con la tradición y el compromiso del consumidor con el impacto en la sociedad.

En una era donde la atención es fugaz y las opciones de los consumidores son abundantes, los esfuerzos armoniosos de los expertos crean una sinfonía armónica que capta la atención, resuena con emociones y guía a los consumidores en un viaje significativo. Este viaje no se limita solo a la primera impresión de un anuncio, sino que se extiende a la confianza construida con el tiempo a través de interacciones consistentes y valiosas. Es esta confianza la que trasciende los límites tradicionales de la publicidad y cultiva la lealtad a la marca.

La importancia de integrar anuncios en el contenido no puede subestimarse; representa un cambio de paradigma en la forma en que las empresas se comunican con sus audiencias. Este enfoque personifica la evolución de tácticas de marketing disruptivas a interacciones respetuosas, relevantes y empáticas. Al colaborar, aprender, adaptarse y abrazar consideraciones éticas, los expertos demuestran su compromiso con una nueva era de publicidad, una que valora la autenticidad, la conexión y la contribución a la sociedad.

A medida que la sinfonía de la colaboración continúa, cada nota tocada por los escritores, los especialistas en marketing, los profesionales de ventas y los publicistas resuena no solo en sus respectivas disciplinas, sino también en los corazones y mentes de los consumidores. Esta integración se convierte en un testimonio del poder de la experiencia unificada, guiando el rumbo de la publicidad moderna hacia un futuro donde los límites entre el contenido y los anuncios se difuminan, dando lugar a un paisaje donde cada interacción es una oportunidad para un compromiso significativo y un beneficio mutuo.

Parte V: Potenciando tu Éxito con la Inteligencia Artificial

En el actual panorama empresarial, la integración de la Inteligencia Artificial (IA) ha demostrado ser una herramienta indispensable para potenciar el éxito de las empresas. En el capítulo "Potenciando tu Éxito con la Inteligencia Artificial", exploraremos cómo esta tecnología revolucionaria puede ser aprovechada de manera efectiva por expertos en marketing, ventas y publicidad para impulsar sus estrategias y resultados. Las fuentes de información que respaldan esta perspectiva incluyen estudios de investigación de instituciones líderes en tecnología y negocios, como el MIT Technology Review y Harvard Business Review, así como casos de estudio de empresas punteras que ya están cosechando los beneficios de la IA en sus operaciones comerciales.

Marketing y la Inteligencia Artificial:

Según el informe de Harvard Business Review "How AI is Changing Marketing" (Cómo la IA está cambiando el marketing), la IA ha permitido una segmentación de audiencia más precisa y personalizada. Al aprovechar el análisis avanzado de datos, las empresas pueden comprender mejor el comportamiento y las preferencias de los consumidores, lo que resulta en campañas más dirigidas y efectivas. Además, la IA facilita la automatización de tareas repetitivas, liberando tiempo para que los profesionales de marketing se concentren en la creatividad y la estrategia. Esto no solo mejora la eficiencia, sino que también conduce a una mayor satisfacción del cliente.

Ventas impulsadas por la Inteligencia Artificial:

De acuerdo con un estudio de McKinsey & Company, las empresas que utilizan IA en sus operaciones de ventas pueden experimentar un aumento significativo en los ingresos. La IA permite analizar grandes cantidades de datos de clientes y prospectos para identificar patrones y tendencias, lo que lleva a una comprensión más profunda de las necesidades del cliente. Los sistemas de recomendación basados en IA pueden sugerir productos relevantes, aumentando así las oportunidades de venta cruzada y upselling. Además, la automatización de la gestión de relaciones con los clientes (CRM) mediante IA ayuda a los equipos de ventas a priorizar los leads de manera más efectiva y a mantener una comunicación oportuna.

Publicidad en la Era de la Inteligencia Artificial:

Un informe del MIT Technology Review resalta cómo la IA está transformando el campo de la publicidad. Las plataformas de publicidad en línea utilizan algoritmos de aprendizaje automático para optimizar la entrega de anuncios, asegurando que lleguen al público adecuado en el momento adecuado. Esto no solo mejora la relevancia de los anuncios, sino que también maximiza el retorno de la inversión publicitaria. Además, la IA permite analizar el sentimiento del cliente en las redes sociales y otras plataformas, proporcionando información valiosa para adaptar las estrategias publicitarias y la imagen de la marca de manera efectiva.

Además, la exitosa implementación de la IA en marketing, ventas y publicidad requiere un enfoque estratégico que se alinee con los objetivos comerciales. Los expertos en estos campos deben reconocer que la IA no es una solución independiente, sino más bien una herramienta que aumenta las capacidades humanas y mejora los procesos existentes. Esta noción se enfatiza en un artículo de investigación titulado "Planificación Estratégica para la Inteligencia Artificial en los Negocios", publicado en el Journal of Marketing, donde los autores subrayan la importancia de integrar las iniciativas de IA dentro de la estrategia comercial general para lograr resultados óptimos.

Integración Estratégica de la IA en el Marketing:

Incorporar la IA en las estrategias de marketing requiere una comprensión integral del comportamiento del consumidor, que es posible a través de análisis predictivos y algoritmos de aprendizaje automático. La investigación realizada por Deloitte Insights revela que el marketing impulsado por la IA permite el análisis en tiempo real de las interacciones de los consumidores en diversos canales, lo que permite a los especialistas en marketing adaptar las campañas en respuesta a las preferencias cambiantes. Al aprovechar el análisis de sentimiento impulsado por la IA, los especialistas en marketing pueden evaluar la percepción pública y ajustar las estrategias en consecuencia. La colaboración entre los expertos en marketing y las tecnologías de IA fomenta un entorno en el que las ideas basadas en datos enriquecen la creatividad, lo que resulta en campañas que resuenan profundamente con el público objetivo.

Empoderamiento de la IA en Estrategias de Ventas:

Un estudio presentado en el Journal of Personal Selling & Sales Management destaca la relación simbiótica entre los profesionales de ventas y las herramientas de IA. La IA proporciona a los equipos de ventas una puntuación predictiva de clientes potenciales, lo que prioriza los clientes potenciales con mayor potencial y agiliza el proceso de ventas. Esta colaboración no solo acelera la generación de ingresos, sino que también facilita un enfoque de venta más consultivo. Con información generada por la IA sobre las preferencias y los puntos débiles de los clientes, los expertos en ventas pueden adaptar sus interacciones, posicionándose como asesores de confianza en lugar de simples vendedores. Esta integración mejora la satisfacción del cliente y construye relaciones a largo plazo.

Campañas Publicitarias Impulsadas por la IA:

La convergencia de la IA y la publicidad es particularmente evidente en la publicidad programática, como se demuestra en el informe de la Asociación de Anunciantes Nacionales (ANA) "Programmatic: Seeing Through the Financial Fog" (Programático: Viendo a Través de la Niebla Financiera). Este informe destaca cómo los algoritmos de IA automatizan la compra y colocación de anuncios, optimizando la asignación de presupuesto y la ubicación de anuncios en tiempo real. Esto no solo garantiza la eficiencia en costos, sino que también mejora la relevancia y el alcance de los anuncios. Además, los chatbots impulsados por la IA han transformado la interacción con el cliente al proporcionar respuestas instantáneas e interacciones personalizadas, como se ejemplifica en el caso del servicio de consejos de maquillaje impulsado por chatbot de Sephora.

La integración de la inteligencia artificial en los ámbitos del marketing, las ventas y la publicidad no es solo una tendencia pasajera, sino más bien un paso necesario hacia la optimización y la eficiencia en estas áreas clave de los negocios. Esta fusión de capacidades humanas y tecnológicas no solo ofrece nuevas posibilidades, sino que también plantea cuestionamientos importantes sobre cómo lograr una coexistencia armoniosa entre la experiencia humana y las potencialidades de la IA.

En este contexto, es crucial para los expertos y profesionales de estos campos comprender que la verdadera utilidad de la inteligencia artificial radica en su habilidad para potenciar y perfeccionar la toma de decisiones estratégicas.

No se trata simplemente de reemplazar trabajos humanos, sino de potenciar las capacidades analíticas y predictivas a través de algoritmos y datos masivos. Sin embargo, es vital recordar que, detrás de estos algoritmos, hay humanos que definen los objetivos y las direcciones estratégicas.

Las experiencias del cliente también se encuentran en el epicentro de esta revolución tecnológica. La IA permite un análisis profundo de las preferencias y los comportamientos del consumidor, lo que a su vez facilita la personalización de las interacciones y la adaptación de las estrategias de marketing y ventas de manera más precisa. Sin embargo, esta personalización debe ser implementada con cautela, evitando traspasar la línea hacia una invasión de la privacidad. Aquí es donde la competencia humana entra en juego para establecer los límites éticos y legales de la utilización de datos.

No se puede pasar por alto que, si bien la IA promete mejoras sustanciales, también presenta desafíos. La dependencia excesiva de la tecnología puede llevar a la pérdida de la conexión humana genuina, lo que es especialmente relevante en campos como la publicidad, donde la empatía y la creatividad son esenciales. Además, la brecha en las habilidades debe abordarse, garantizando que los profesionales estén capacitados para comprender y utilizar plenamente las herramientas de IA disponibles.

En la actualidad, la Inteligencia Artificial (IA) se ha establecido firmemente como una herramienta poderosa en diversos campos, incluyendo la toma de decisiones estratégicas y la mejora de las experiencias del cliente. Su capacidad para analizar grandes cantidades de datos, identificar patrones y tendencias, así como generar recomendaciones precisas, brinda un nuevo nivel de sofisticación a las estrategias empresariales. No obstante, es fundamental reconocer que el verdadero potencial de la IA solo se materializará plenamente si los profesionales abordan estos avances con una mentalidad estratégica y ética.

En primer lugar, la IA tiene el potencial de revolucionar la toma de decisiones estratégicas al proporcionar información procesable basada en datos. Las organizaciones pueden utilizar algoritmos avanzados para analizar información histórica y en tiempo real, lo que permite una comprensión más profunda del mercado, las preferencias de los clientes y las tendencias de la industria. Esto puede llevar a decisiones más informadas y acertadas, optimizando la asignación de recursos y la planificación a largo plazo. Sin embargo, es esencial que los profesionales no dependan ciegamente de la IA, sino que la utilicen como una herramienta complementaria que respalde su experiencia y conocimiento.

En segundo lugar, la mejora de las experiencias del cliente es otra área donde la IA puede marcar una diferencia significativa. Los chatbots impulsados por IA pueden brindar respuestas rápidas y precisas a las consultas de los clientes, mejorando la satisfacción y agilizando el servicio al cliente. Además, los sistemas de recomendación basados en IA pueden personalizar las ofertas y sugerencias para cada cliente individual, aumentando la relevancia y la posibilidad de ventas adicionales. Aunque estos avances pueden mejorar la interacción con los clientes, es crucial que las empresas apliquen la IA de manera transparente y ética, protegiendo la privacidad de los datos y evitando la manipulación no deseada.

No obstante, el uso de la IA también plantea desafíos éticos y sociales que deben abordarse con responsabilidad. La automatización de decisiones puede llevar a la exclusión de ciertos grupos o sesgos injustos si no se supervisa adecuadamente. Además, la dependencia excesiva de la IA podría reducir la capacidad de los profesionales para ejercer juicio y tomar decisiones basadas en la intuición y la empatía. Por lo tanto, es esencial establecer marcos éticos sólidos que guíen la implementación y el uso de la IA en contextos estratégicos y de servicio al cliente.

En la era contemporánea, la inteligencia artificial (IA) se ha consolidado como una herramienta poderosa que ofrece una amplia gama de capacidades en diversas áreas profesionales. Aunque algunos puedan argumentar que la IA amenaza con reemplazar la experiencia y el juicio humano, sostengo firmemente que los profesionales deben adoptar un enfoque de aprovechamiento inteligente de la IA como herramienta de apoyo, manteniendo siempre su propio juicio y experiencia en el centro de las decisiones.

Es innegable que la IA ha demostrado su valía en la optimización de tareas rutinarias y el análisis de datos a gran escala. En campos como la medicina, la IA puede analizar rápidamente imágenes médicas y datos de pacientes para identificar patrones y posibles diagnósticos, lo que permite a los médicos tomar decisiones informadas. Sin embargo, sería un error desconsiderar la importancia del juicio clínico acumulado durante años de formación y experiencia en la toma de decisiones médicas cruciales. La IA puede sugerir opciones, pero es el médico quien debe evaluar todos los factores, incluidos los contextuales y éticos, para llegar a la mejor decisión para el paciente.

Además, en campos como la ingeniería y el diseño, la IA puede acelerar el proceso de generación de prototipos y optimizar diseños. Sin embargo, no debemos olvidar que la creatividad y la innovación nacen de la mente humana, y esas cualidades no pueden ser totalmente replicadas por la IA. La experiencia y la intuición de un ingeniero o diseñador son elementos cruciales para desarrollar soluciones únicas y vanguardistas que van más allá de los enfoques convencionales.

A medida que la IA se integra cada vez más en diversas esferas profesionales, es imperativo abordar las implicaciones éticas y sociales de manera exhaustiva. La automatización de ciertas tareas puede llevar a la pérdida de empleos, lo que exige una planificación cuidadosa para reentrenar a los trabajadores y garantizar una transición justa. Además, la IA plantea preguntas fundamentales sobre la privacidad de los datos y la toma de decisiones algorítmicas, lo que requiere regulaciones sólidas y supervisión constante.

IA en Ventas y Marketing: Predicción y Personalización

En el capítulo "IA en Ventas y Marketing: Predicción y Personalización", se abre paso a una revolución en el mundo empresarial mediante la integración de la Inteligencia Artificial (IA) en las áreas clave de ventas y marketing. Esta fusión promete transformar radicalmente la forma en que las empresas comprenden a sus clientes, predicen tendencias y personalizan sus estrategias para maximizar el alcance y el impacto. En este contexto, como expertos en escritura, marketing, ventas y publicidad, es crucial explorar cómo esta sinergia entre la IA y las disciplinas comerciales puede desencadenar un cambio significativo y cuáles son las fuentes confiables que respaldan estas afirmaciones.

La IA ha avanzado exponencialmente en las últimas décadas, y su aplicación en ventas y marketing no es una excepción. La capacidad de recopilar, procesar y analizar grandes volúmenes de datos en tiempo real ha permitido a las empresas comprender mejor el comportamiento del consumidor y anticipar sus necesidades. Según un informe de McKinsey & Company, las organizaciones que utilizan análisis de datos impulsados por IA para la toma de decisiones han experimentado un aumento del 10 al 20 por ciento en sus ingresos. Esto subraya la influencia positiva y tangible que la IA puede tener en la mejora de la eficacia de las estrategias de ventas y marketing.

La personalización es un pilar fundamental en la era actual de los negocios, y la IA ha demostrado ser un catalizador clave en este aspecto. Las empresas pueden aprovechar el aprendizaje automático y el procesamiento del lenguaje natural para crear perfiles de clientes detallados y ofrecer contenido y ofertas altamente relevantes. De acuerdo con un estudio de Accenture, el 91 por ciento de los consumidores es más probable que compre con marcas que ofrecen ofertas y recomendaciones personalizadas. Esto resalta la importancia de adoptar enfoques de marketing basados en datos respaldados por la IA para aumentar la participación del cliente y, en última instancia, las tasas de conversión.

En el ámbito de las ventas, la IA está revolucionando la forma en que se abordan los prospectos y se cierran tratos. Plataformas de automatización de ventas, como Salesforce con su funcionalidad Einstein AI, utilizan algoritmos de IA para analizar patrones de comportamiento de los clientes y proporcionar a los equipos de ventas información valiosa sobre cuándo y cómo interactuar con los prospectos. Esta orientación impulsada por datos no solo agiliza el proceso de ventas, sino que también aumenta las posibilidades de éxito al abordar al cliente en el momento adecuado con la propuesta adecuada.

En el panorama de la publicidad, la IA ha transformado la forma en que se llega a la audiencia. Plataformas publicitarias como Google Ads utilizan la IA para optimizar la colocación y el targeting de anuncios, lo que resulta en una mayor eficiencia y retorno de inversión para las campañas publicitarias. Además, la IA también está incursionando en la creación de contenido publicitario. Herramientas de generación de texto y diseño impulsadas por IA están ganando terreno, permitiendo a los publicistas crear materiales persuasivos de manera más eficiente.

La integración de la inteligencia artificial (IA) en las áreas de ventas y marketing está transformando radicalmente la forma en que las empresas operan en estos campos. Como expertos en redacción, mercadotecnia, ventas y publicidad, debemos profundizar en cómo esta unión entre la IA y estas disciplinas está generando un cambio significativo, y respaldar nuestras afirmaciones con fuentes confiables.

La analítica predictiva impulsada por la IA ha emergido como un factor crucial en las estrategias de ventas y marketing. Mediante el análisis de datos históricos y la identificación de patrones, los algoritmos de IA pueden predecir el comportamiento del consumidor, las tendencias del mercado e incluso oportunidades potenciales de ventas. Forbes destaca que las empresas que utilizan la analítica predictiva experimentan un aumento del 20% en los clientes potenciales y una tasa de conversión 2.3 veces mayor. Estas cifras resaltan los beneficios tangibles que las predicciones impulsadas por la IA aportan.

En el ámbito de la mercadotecnia, la fusión de la IA con los sistemas de gestión de relaciones con los clientes (CRM) permite a las empresas adaptar sus enfoques con una precisión sin precedentes. Harvard Business Review enfatiza que el CRM impulsado por la IA mejora la participación del cliente al analizar conjuntos de datos extensos para determinar los canales y momentos de comunicación más efectivos. Este nivel de personalización no solo fomenta la lealtad del cliente, sino que también amplifica las posibilidades de ventas cruzadas y adicionales.

Además, ha surgido el concepto de "hiper-personalización" como la cúspide de las estrategias modernas de mercadotecnia, y la IA es el fundamento de su implementación. Al combinar datos demográficos, comportamientos de navegación e incluso actividad en redes sociales, los motores de IA pueden crear contenido y recomendaciones hiperdirigidos. Un estudio de Segment encontró que el 44% de los consumidores es propenso a convertirse en compradores recurrentes después de una experiencia de compra personalizada. Esto subraya el papel fundamental que juega la personalización impulsada por la IA en la retención de clientes y la generación de ingresos.

En ventas, los chatbots y asistentes virtuales impulsados por la IA están revolucionando las interacciones con los clientes. Estas herramientas impulsadas por la IA pueden proporcionar respuestas instantáneas a consultas, ayudar en la selección de productos e incluso guiar a los clientes a través del proceso de compra. Según un estudio de Gartner, para 2023, más del 70% de las interacciones con los clientes involucrarán tecnologías emergentes como aplicaciones de aprendizaje automático, chatbots y mensajería móvil. Esto demuestra la creciente influencia de la IA en la configuración de experiencias de cliente fluidas.

Desde una perspectiva publicitaria, la IA está redefiniendo la optimización de campañas a través de la entrega de contenido dinámico. Plataformas como Facebook e Instagram utilizan algoritmos de IA para analizar las preferencias y comportamientos de los usuarios, asegurando que los anuncios se muestren a las audiencias más relevantes. Un informe de eMarketer indica que la orientación de anuncios impulsada por la IA resulta en una tasa de clics un 29% más alta en comparación con los anuncios no dirigidos. Esto respalda la efectividad de la IA en maximizar el impacto de las campañas publicitarias.

El impacto de la inteligencia artificial (IA) en las áreas de ventas y marketing no se limita solo a la predicción y personalización, sino que también se extiende a la optimización de recursos y la toma de decisiones informadas. Como expertos en escritura, marketing, ventas y publicidad, es fundamental explorar estos aspectos adicionales y respaldarlos con fuentes sólidas para enriquecer la comprensión de cómo la IA está remodelando estos campos.

La optimización de recursos es un elemento crítico en cualquier estrategia empresarial. La IA brinda a las empresas la capacidad de utilizar sus recursos de manera más eficiente y efectiva. La revista Harvard Business Review destaca cómo las soluciones de IA pueden analizar grandes conjuntos de datos para identificar ineficiencias en los procesos de ventas y marketing. Al identificar estas áreas, las empresas pueden realizar ajustes precisos que conducen a una mejor asignación de recursos y, en última instancia, a un aumento en la rentabilidad.

En la toma de decisiones, la IA se presenta como una aliada valiosa. Al analizar datos en tiempo real y predecir resultados potenciales, la IA puede ayudar a los equipos de ventas y marketing a tomar decisiones más fundamentadas y acertadas. Un estudio de PwC muestra que el 75% de los ejecutivos cree que la IA ayuda a tomar decisiones más informadas y precisas. Esta capacidad de la IA para proporcionar información basada en datos permite a las empresas identificar oportunidades emergentes y evitar posibles obstáculos.

En el ámbito publicitario, la IA está revolucionando la forma en que se crea y se distribuye el contenido. Plataformas como Adobe Sensei están utilizando la IA para analizar patrones de interacción del usuario y generar contenido visualmente atractivo y personalizado. Esta automatización de procesos creativos no solo ahorra tiempo, sino que también garantiza que el contenido sea más relevante para el público objetivo.

En cuanto al marketing de contenidos, la IA ha abierto nuevas posibilidades en la generación de textos y la curación de contenido. Plataformas como HubSpot (Fuente 13) están empleando IA para crear textos persuasivos y relevantes. Esto no solo agiliza el proceso de creación de contenido, sino que también garantiza que el material generado sea coherente con la voz y el tono de la marca.

Cómo la inteligencia artificial impulsa la toma de decisiones y la segmentación.

La influencia y el alcance de la inteligencia artificial (IA) en diversas áreas de negocios y marketing es innegable. En la actualidad, la IA se ha convertido en una herramienta fundamental para impulsar la toma de decisiones y la segmentación de mercados de manera eficiente y precisa. Dicha afirmación encuentra respaldo en un estudio reciente de la firma de investigación de mercado Gartner, que revela que para el año 2023, al menos el 70% de las empresas habrán adoptado tecnologías de IA como parte integral de sus estrategias de marketing y ventas (Fuente: Gartner, "Predicts 2021: CRM Sales Technology Drives Customer Buying"). Esta adopción masiva no solo demuestra el poder transformador de la IA, sino que también subraya su relevancia en el contexto empresarial actual.

Desde la perspectiva de un experto en ventas, la inteligencia artificial ofrece una serie de ventajas que revolucionan la forma en que se abordan los procesos de venta. La capacidad de analizar grandes volúmenes de datos en tiempo real permite identificar patrones de comportamiento del consumidor y predecir tendencias, lo que a su vez permite a los equipos de ventas adaptar sus estrategias de manera más efectiva (Fuente: Harvard Business Review, "How AI Is Changing Sales"). Al personalizar las interacciones con los clientes, basándose en sus preferencias y necesidades individuales, se fortalece la relación entre la marca y el consumidor, incrementando las posibilidades de cierre de ventas.

Un experto mercadólogo reconoce que la segmentación precisa del mercado es esencial para dirigir los recursos y esfuerzos de marketing de manera efectiva. Aquí es donde la IA brilla con luz propia. Según un informe de McKinsey & Company, la IA tiene la capacidad de procesar y analizar datos a una velocidad y profundidad que los humanos simplemente no pueden igualar, lo que lleva a una segmentación mucho más precisa y detallada (Fuente: McKinsey & Company, "The executive's AI playbook"). La IA permite evaluar múltiples variables y señales, desde datos demográficos hasta comportamientos en línea, para identificar grupos de clientes con características y necesidades similares. Esto no solo optimiza la efectividad de las campañas de marketing, sino que también reduce el desperdicio de recursos al dirigirse solo a aquellos segmentos más propensos a convertirse en clientes.

Por otro lado, un experto publicista reconoce la importancia de crear mensajes que resuenen con la audiencia correcta. La IA, mediante el análisis de datos y el uso de algoritmos avanzados, puede comprender el tono, el estilo y los contenidos que generan una respuesta positiva en diferentes grupos de consumidores (Fuente: Forbes, "How AI is Revolutionizing Advertising"). Esto permite diseñar campañas publicitarias altamente personalizadas, lo que a su vez mejora la experiencia del cliente y aumenta la probabilidad de conversión.

Es innegable que vivimos en una era de revolución tecnológica que ha transformado profundamente la forma en que las empresas operan y se relacionan con sus clientes. Aquellas empresas que han abrazado esta revolución han demostrado estar mejor posicionadas para enfrentar los desafíos y aprovechar las oportunidades que presenta un mercado altamente competitivo y en constante cambio. En este sentido, resulta evidente que la adopción de tecnologías avanzadas no solo es una opción, sino una necesidad imperante para alcanzar el éxito empresarial en la actualidad.

En primer lugar, la capacidad de comprender a los clientes es fundamental para el crecimiento y la prosperidad de cualquier negocio. Las herramientas tecnológicas, como el análisis de datos y la inteligencia artificial, permiten a las empresas recopilar y analizar grandes cantidades de información sobre las preferencias, hábitos de compra y comportamientos de los consumidores. Esta información invaluable proporciona una visión profunda de las necesidades cambiantes de los clientes, lo que a su vez permite a las empresas adaptar sus productos y servicios de manera más efectiva. Al comprender mejor a sus clientes, las empresas pueden anticipar tendencias, identificar oportunidades emergentes y ofrecer soluciones que satisfagan de manera precisa y oportuna las demandas del mercado.

En segundo lugar, la capacidad de ofrecer soluciones personalizadas es un diferenciador clave en un entorno empresarial competitivo. La tecnología permite la creación de experiencias personalizadas para los clientes, lo que no solo aumenta su satisfacción, sino que también fortalece la lealtad a la marca. Mediante el análisis de datos y la segmentación efectiva, las empresas pueden diseñar ofertas específicas que se ajusten a las preferencias individuales de los clientes. Esto crea un vínculo más profundo entre la empresa y su base de consumidores, lo que a su vez se traduce en un crecimiento sostenible a largo plazo.

En tercer lugar, la adaptación tecnológica es esencial para mantenerse competitivo en un mercado en constante evolución. Las empresas que se resisten a adoptar nuevas tecnologías corren el riesgo de quedarse rezagadas y perder relevancia frente a competidores más ágiles y adaptativos. La automatización de procesos, la optimización de la cadena de suministro, la expansión a canales digitales y la implementación de soluciones basadas en la nube son solo algunas de las formas en que las empresas pueden mantenerse al día y mejorar su eficiencia operativa.

A lo largo de los años, hemos sido testigos de cómo la tecnología ha revolucionado la forma en que las empresas operan y compiten en un mercado global cada vez más competitivo. En este sentido, es innegable que invertir en tecnología no solo impulsa la eficiencia operativa, sino que también tiene un impacto significativo en la construcción de relaciones sólidas con los clientes, lo que, a su vez, conduce al éxito a largo plazo de una empresa.

En primer lugar, es innegable que la tecnología ha mejorado la eficiencia operativa de las empresas en una variedad de aspectos. La automatización de tareas repetitivas y la implementación de sistemas de gestión avanzados han permitido a las empresas agilizar sus procesos internos y responder con mayor rapidez a las demandas cambiantes del mercado. Por ejemplo, la adopción de sistemas de inventario automatizados ha reducido los errores humanos y ha optimizado los niveles de stock, lo que a su vez reduce los costos y mejora la capacidad de una empresa para satisfacer la demanda de los clientes en tiempo real. Esta mejora en la eficiencia no solo reduce los costos operativos, sino que también permite a las empresas liberar recursos que pueden ser redirigidos hacia la innovación y el desarrollo de nuevos productos o servicios.

Además, la tecnología juega un papel fundamental en la construcción de relaciones sólidas y duraderas con los clientes. En la era digital actual, donde la interacción y la comunicación ocurren en línea, las empresas deben adaptarse para conectarse de manera efectiva con sus clientes. Las redes sociales, por ejemplo, ofrecen plataformas que permiten a las empresas interactuar directamente con su base de clientes, entender sus necesidades y preocupaciones, y responder de manera proactiva. Esto no solo crea un sentido de cercanía entre la empresa y sus clientes, sino que también establece un canal para recibir retroalimentación constante, lo que a su vez facilita la mejora continua de productos y servicios.

No obstante, es importante reconocer que la inversión en tecnología no es una garantía automática de éxito. La implementación inadecuada o la adopción de soluciones tecnológicas mal concebidas pueden resultar contraproducentes y generar costos adicionales. Por lo tanto, las empresas deben llevar a cabo una planificación estratégica exhaustiva antes de invertir en tecnología, identificando las necesidades específicas de su industria y sus clientes, y seleccionando las soluciones tecnológicas que mejor se alineen con sus objetivos a largo plazo.

Indudablemente, en el mundo empresarial actual, la capacidad de una empresa para adaptarse y adoptar nuevas soluciones tecnológicas es un factor determinante tanto para su crecimiento a corto plazo como para su éxito a largo plazo. En una era donde la tecnología avanza a pasos agigantados, las empresas que no logran mantenerse al día con las últimas innovaciones corren el riesgo de quedar rezagadas en un mercado cada vez más competitivo y en constante evolución.

En primer lugar, la adopción de soluciones tecnológicas modernas puede brindar a las empresas una ventaja competitiva significativa. A medida que las tecnologías emergentes transforman diversos aspectos de la operación empresarial, desde la automatización de procesos hasta la recopilación y análisis de datos en tiempo real, las empresas que logran implementar estas soluciones de manera efectiva pueden optimizar sus operaciones, reducir costos y mejorar la eficiencia. Esto no solo conduce a una mayor productividad, sino que también puede liberar recursos que se pueden reinvertir en la expansión y la innovación.

Además, la adaptación tecnológica permite a las empresas abordar desafíos cambiantes de manera más efectiva. En un entorno empresarial que a menudo está sujeto a rápidas fluctuaciones económicas, cambios en las preferencias del consumidor y crisis inesperadas, la capacidad de ajustar rápidamente las estrategias y los modelos de negocio es esencial. Las soluciones tecnológicas flexibles y escalables brindan a las empresas la agilidad necesaria para pivotar en respuesta a estos desafíos, en lugar de quedar atrapadas en métodos obsoletos que no se ajustan a las demandas actuales.

No obstante, es importante reconocer que la adopción de nuevas soluciones tecnológicas puede presentar desafíos significativos. Desde la inversión inicial en infraestructura y capacitación hasta la posible resistencia al cambio por parte de los empleados, existen obstáculos que deben superarse. Sin embargo, estos desafíos no deben ser vistos como obstáculos insuperables, sino como oportunidades para el crecimiento y la mejora. Al enfrentar estos desafíos de manera proactiva, las empresas pueden demostrar su compromiso con la evolución y la innovación constante.

Ética y Responsabilidad en la Era de la IA Persuasiva

En la presente era de la IA persuasiva, es crucial examinar detenidamente las implicaciones éticas y responsabilidades que conlleva la intersección de la inteligencia artificial y los esfuerzos de persuasión en los campos del marketing y la publicidad. Esta convergencia ha dado lugar a una revolución en cómo se abordan las estrategias de ventas y cómo se llega a los consumidores, lo que plantea interrogantes fundamentales sobre la moralidad y la integridad en este entorno en evolución. Para comprender plenamente esta dinámica y abordarla de manera efectiva, es fundamental contar con la perspectiva de expertos en escritura, marketing, ventas y publicidad, quienes pueden arrojar luz sobre los diferentes aspectos de este tema de gran relevancia.

Desde una perspectiva escrita, es esencial que los expertos en comunicación y redacción consideren cuidadosamente cómo se presenta la información al público. La forma en que se transmiten los mensajes persuasivos puede influir en la percepción del consumidor y en su toma de decisiones. Es importante que los redactores sean transparentes en su comunicación, evitando exageraciones y afirmaciones falsas que puedan inducir a error. En este contexto, la ética juega un papel primordial, ya que los escritores deben equilibrar la necesidad de persuadir con la responsabilidad de proporcionar información precisa y veraz. Según un estudio realizado por el Pew Research Center, el 65% de los encuestados considera que la información engañosa en línea es un problema importante. Esto subraya la importancia de abordar la escritura persuasiva de manera ética para mantener la confianza del público.

En el ámbito del marketing, los expertos en esta disciplina deben considerar cómo la IA está transformando la forma en que se llega a los consumidores. La personalización y la segmentación impulsadas por la IA permiten a las marcas adaptar sus mensajes a audiencias específicas de manera más efectiva. Sin embargo, existe el riesgo de que estas prácticas se conviertan en invasivas o manipuladoras. Un informe de la Asociación de Marketing Directo destaca la importancia de establecer límites éticos en la recopilación y el uso de datos para evitar la explotación de la privacidad del consumidor. Los expertos en marketing deben ser defensores de prácticas que respeten los derechos de privacidad y den prioridad al bienestar del consumidor sobre las ganancias.

En el campo de las ventas, la interacción entre vendedores y clientes también se ve influenciada por la IA. Los chatbots y las herramientas de automatización desempeñan un papel cada vez más importante en la comunicación con los clientes. Si bien esto puede aumentar la eficiencia, es esencial que los expertos en ventas garanticen que estas interacciones mantengan un nivel humano de empatía y comprensión. Un estudio de Harvard Business Review destaca que los consumidores valoran la autenticidad en las interacciones de ventas, incluso en un entorno impulsado por la tecnología. Los expertos en ventas deben asegurarse de que la IA se utilice como una herramienta para mejorar la experiencia del cliente en lugar de reemplazar la conexión humana.

En el ámbito publicitario, los expertos deben abordar la creciente preocupación sobre la manipulación y la persuasión subliminal. La IA puede analizar el comportamiento del consumidor y adaptar los anuncios en tiempo real para maximizar la persuasión. Sin embargo, esto plantea cuestiones éticas sobre la manipulación de las decisiones del consumidor sin su pleno conocimiento. Un estudio publicado en el Journal of Business Ethics resalta la importancia de la transparencia en la publicidad basada en IA y aboga por la autorregulación de la industria para garantizar que los anuncios sean éticos y no exploten las vulnerabilidades de los individuos.

Es evidente que la convergencia de la IA persuasiva en los campos de la escritura, el marketing, las ventas y la publicidad está redefiniendo la manera en que interactuamos con los consumidores y cómo moldeamos sus decisiones. Sin embargo, es imprescindible que los expertos en cada una de estas disciplinas trabajen en conjunto para garantizar que esta transformación no se desvíe de principios éticos sólidos y responsabilidad hacia la sociedad.

Desde la perspectiva de los escritores, la colaboración con expertos en ética de la IA y comunicación es esencial para trazar límites claros en la forma en que se emplea el poder persuasivo de la IA. Un estudio de la UNESCO sobre ética en la IA subraya la importancia de salvaguardar los valores humanos en el desarrollo y la implementación de la tecnología. Los escritores deben ser conscientes de cómo su trabajo puede influir en la percepción del público y deben esforzarse por crear contenido que respete la dignidad y los derechos de los consumidores.

En el ámbito del marketing, es necesario adoptar un enfoque proactivo para regular la IA persuasiva. Los expertos en marketing deben ser voces líderes en la formulación de estándares éticos y en la promoción de prácticas de recolección de datos transparentes y éticas. Un informe de la Federación Mundial de Anunciantes destaca la necesidad de que la industria se autorregule para abordar la preocupación pública sobre la privacidad y la manipulación. Al colaborar con organizaciones reguladoras y defensores de la privacidad, los expertos en marketing pueden establecer un marco que permita la innovación mientras protege los derechos del consumidor.

En las ventas, la ética juega un papel central en la interacción con los consumidores. La IA puede brindar herramientas para mejorar la eficiencia y la personalización en las ventas, pero no debe reemplazar la empatía humana. Los expertos en ventas deben recibir capacitación en cómo utilizar la IA de manera ética y cómo mantener una conexión genuina con los clientes. Un artículo en Forbes destaca la importancia de capacitar a los vendedores para que utilicen la tecnología como una extensión de su habilidad para construir relaciones, en lugar de una sustitución.

Finalmente, en el ámbito publicitario, la transparencia y la rendición de cuentas son esenciales. Los expertos en publicidad deben trabajar en estrecha colaboración con expertos en ética y tecnología para garantizar que los algoritmos de IA que impulsan la publicidad sean transparentes y comprensibles para el público. La Comisión Europea ha enfatizado la importancia de la transparencia al abordar la publicidad basada en IA y ha instado a las empresas a proporcionar información clara sobre cómo se utilizan los datos y cómo se toman las decisiones publicitarias.

Sin embargo, es imperativo que los expertos en cada una de estas disciplinas colaboren de manera sinérgica para garantizar que esta transformación no se aparte de fundamentos éticos sólidos y de una responsabilidad genuina hacia la sociedad.

En lo que respecta a los escritores, trabajar en conjunto con expertos en ética de la IA y en comunicación es esencial para establecer límites claros en la utilización del poder persuasivo de la IA. Un informe de la UNESCO sobre ética en la IA resalta la importancia de salvaguardar los valores humanos en el desarrollo y la implementación de la tecnología. Los escritores deben ser conscientes de cómo su trabajo puede influir en la percepción del público y deben esforzarse por generar contenido que respete la dignidad y los derechos de los consumidores.

En el ámbito del marketing, resulta necesario adoptar un enfoque proactivo para regular la IA persuasiva. Los expertos en marketing deben asumir un papel líder en la formulación de estándares éticos y en la promoción de prácticas de recolección de datos transparentes y éticas. Un informe de la Federación Mundial de Anunciantes destaca la necesidad de que la industria se autorregule para abordar la preocupación pública sobre la privacidad y la manipulación. Al colaborar con organismos reguladores y defensores de la privacidad, los expertos en marketing pueden establecer un marco que fomente la innovación al tiempo que protege los derechos del consumidor.

En el ámbito de las ventas, la ética desempeña un rol central en la interacción con los consumidores. La IA puede brindar herramientas para mejorar la eficiencia y la personalización en las ventas, pero no debe reemplazar la empatía humana. Los expertos en ventas deben recibir capacitación en cómo usar la IA de manera ética y cómo mantener una conexión genuina con los clientes. Un artículo en Forbes resalta la importancia de capacitar a los vendedores para que utilicen la tecnología como una extensión de su capacidad para construir relaciones, en lugar de una sustitución.

Finalmente, en el ámbito publicitario, la transparencia y la rendición de cuentas son fundamentales. Los expertos en publicidad deben colaborar estrechamente con expertos en ética y tecnología para asegurarse de que los algoritmos de IA que impulsan la publicidad sean transparentes y comprensibles para el público. La Comisión Europea ha subrayado la importancia de la transparencia al abordar la publicidad basada en IA y ha instado a las empresas a proporcionar información clara sobre cómo se utilizan los datos y cómo se toman las decisiones publicitarias.

La implementación de estándares éticos rigurosos, la autorregulación y la formación continua por parte de los expertos en inteligencia artificial (IA) persuasiva es fundamental para asegurar que esta tecnología se aplique de manera beneficiosa tanto para la experiencia del consumidor como para el conjunto de la sociedad. Estamos inmersos en una era en la que la IA está desempeñando un papel cada vez más prominente en diversos aspectos de nuestras vidas, desde la toma de decisiones en el ámbito empresarial hasta la interacción cotidiana con productos y servicios digitales. Por lo tanto, es imperativo que los profesionales que trabajan en el desarrollo y aplicación de la IA persuasiva se adhieran a normas éticas sólidas, se sometan a una supervisión y autorregulación efectivas, y busquen la mejora constante de sus conocimientos y habilidades.

En primer lugar, la ética juega un papel crucial en el uso responsable de la IA persuasiva. Los expertos deben considerar las implicaciones éticas de sus acciones y decisiones en el diseño de sistemas que buscan influir en el comportamiento humano. Esto implica respetar la autonomía y la privacidad de los individuos, evitando prácticas engañosas o manipuladoras que podrían perjudicar a los usuarios. Al adherirse a estándares éticos rigurosos, los profesionales de la IA pueden contribuir a la construcción de un entorno digital en el que la confianza y la transparencia sean valores fundamentales.

En segundo lugar, la autorregulación desempeña un papel esencial en el uso adecuado de la IA persuasiva. Aunque la tecnología avanza a un ritmo vertiginoso, es necesario establecer límites y pautas claras para su aplicación. Los expertos deben ser proactivos en la identificación y mitigación de posibles riesgos y consecuencias no deseadas. La colaboración con organizaciones gubernamentales y la sociedad civil puede ayudar a establecer un marco normativo equilibrado que promueva el potencial positivo de la IA persuasiva y minimice sus posibles efectos negativos.

La formación continua es otro pilar fundamental en la utilización efectiva de la IA persuasiva. Dado que esta tecnología evoluciona constantemente, los expertos deben mantenerse al tanto de las últimas investigaciones, tendencias y enfoques éticos en el campo. La capacitación constante permite a los profesionales adaptarse a nuevos desafíos y desarrollar soluciones innovadoras que se alineen con los valores de la sociedad. Además, la educación en ética de la IA debería ser una parte integral de la formación, equipando a los expertos con las herramientas necesarias para tomar decisiones informadas y éticas en su trabajo.

Es innegable que la inteligencia artificial (IA) ha experimentado avances significativos en diversas áreas, incluida la persuasión. A medida que la IA se vuelve más competente en comprender y modelar el comportamiento humano, su capacidad para persuadir también ha aumentado. Sin embargo, el uso creciente de la IA persuasiva plantea preguntas importantes sobre sus implicaciones éticas y sociales.

En primer lugar, es crucial que los expertos en la materia reconozcan la responsabilidad que conlleva el desarrollo y la implementación de la IA persuasiva. Si bien puede ser una herramienta poderosa para influir en las decisiones y el comportamiento de las personas, también tiene el potencial de ser manipulativa y explotadora. Por lo tanto, los expertos deben adherirse a estándares éticos rigurosos que guíen su trabajo y eviten que la IA se utilice de manera perjudicial o engañosa.

La autorregulación efectiva es otro aspecto fundamental para asegurar que la IA persuasiva beneficie a la sociedad en general. Los desarrolladores y las organizaciones involucradas en este campo deben establecer mecanismos sólidos de supervisión y control que limiten cualquier abuso potencial de la tecnología. Esto implica la implementación de salvaguardias técnicas y procesos de revisión que garanticen que la persuasión generada por la IA se base en información precisa y ética, en lugar de explotar vulnerabilidades psicológicas o difundir desinformación.

La mejora constante de los conocimientos es un tercer pilar crucial en este contexto. Dado que la IA y sus aplicaciones persuasivas evolucionan rápidamente, los expertos deben comprometerse con la formación continua y la actualización de sus habilidades. Esto no solo garantiza que estén al tanto de los últimos avances tecnológicos, sino que también les permite adaptarse a los cambios en la comprensión de las implicaciones éticas y sociales de su trabajo. La IA persuasiva bien fundamentada y actualizada tiene más probabilidades de tener un impacto positivo y constructivo en la sociedad.

Consideraciones sobre el uso responsable de la tecnología en la persuasión.

En la era actual, el uso de la tecnología ha transformado por completo la manera en que las empresas abordan la persuasión en sus estrategias de marketing y ventas. Es imperativo analizar detenidamente cómo se puede ejercer este poder de manera responsable y ética. En este capítulo, exploramos en profundidad las consideraciones esenciales sobre el uso responsable de la tecnología en la persuasión, destacando cómo los expertos en diversas disciplinas colaboran para garantizar que estas prácticas benefician tanto a las empresas como a los consumidores.

Desde la perspectiva del experto en marketing, es vital reconocer que el objetivo final no debe ser simplemente lograr ventas, sino también construir relaciones duraderas con los clientes. Según un estudio de la American Marketing Association, el 80% de los consumidores considera que la confianza es un factor crucial en su decisión de compra. Por lo tanto, es esencial que las estrategias de persuasión basadas en tecnología se centren en la transparencia y la autenticidad.

El experto en ventas, por su parte, debe ser consciente de que la tecnología no reemplaza la importancia de las habilidades interpersonales, sino que las complementa. Según un informe de Harvard Business Review, las interacciones humanas siguen siendo fundamentales en el proceso de ventas, y la tecnología puede utilizarse para mejorar la eficiencia de este proceso, pero no para eliminar por completo el factor humano. En este sentido, la tecnología puede ser una aliada en la recopilación y análisis de datos que permitan comprender mejor las necesidades y deseos de los clientes, personalizando así las ofertas de manera más efectiva.

Desde la perspectiva del experto publicista, el uso de la tecnología brinda oportunidades sin precedentes para crear campañas altamente personalizadas y atractivas. Sin embargo, es crucial evitar la invasión de la privacidad y el exceso de comercialización. Un estudio de Deloitte destaca que el 53% de los consumidores se siente incómodo con la cantidad de datos que las empresas recopilan para orientar sus anuncios. Por lo tanto, los publicistas deben equilibrar la segmentación precisa con el respeto a la privacidad del individuo.

Los expertos en estas áreas deben ser conscientes de que el objetivo no es simplemente persuadir a los consumidores a comprar, sino también empoderarnos con información relevante y útil para que tomen decisiones informadas.

Desde la perspectiva del experto escritor, la narrativa juega un papel fundamental en la persuasión a través de la tecnología. Un estudio realizado por el Content Marketing Institute reveló que el 71% de las empresas consideran que el marketing de contenido es esencial en su estrategia general. Esto resalta la necesidad de contar historias auténticas y valiosas que resuenen con las emociones y necesidades del público. Sin embargo, es crucial evitar la manipulación y el sensacionalismo en favor de la honestidad y la veracidad.

La colaboración entre estos expertos también debe abordar la preocupación creciente sobre la adicción tecnológica. Los profesionales del marketing y la publicidad deben ser conscientes de cómo ciertos diseños y técnicas pueden explotar los puntos débiles de la psicología humana para mantener a las personas involucradas de manera constante. Un artículo en el Journal of Consumer Research advierte sobre los peligros de la "economía de la atención" y cómo puede contribuir a un uso excesivo y poco saludable de la tecnología. Por lo tanto, los especialistas en persuasión deben ser responsables en la forma en que diseñan las interacciones digitales para no comprometer el bienestar de los individuos.

Los expertos en cada disciplina deben abogar por la formación continua y la autoevaluación crítica de sus prácticas para asegurarse de que están siguiendo los más altos estándares éticos y profesionales.

El experto en ética y regulación desempeña un papel crucial en este escenario. Es imperativo establecer lineamientos claros que guíen el uso de la tecnología en la persuasión. Un informe de la Federal Trade Commission (FTC) destaca la importancia de la divulgación transparente y clara en la publicidad en línea para evitar prácticas engañosas. Además, la colaboración entre la industria y los reguladores puede llevar a la implementación de prácticas que beneficien tanto a las empresas como a los consumidores.

En el contexto actual de preocupaciones sobre la privacidad de los datos, el experto en tecnología debe asegurarse de que la recopilación y el manejo de la información del usuario se realicen de manera ética y respetuosa. El Reglamento General de Protección de Datos (GDPR, por sus siglas en inglés) en la Unión Europea y normativas similares en otros lugares enfatizan la importancia de obtener el consentimiento informado y brindar a los usuarios el control sobre sus datos personales. Los profesionales deben estar al tanto de estas regulaciones y trabajar en colaboración con los expertos legales para garantizar el cumplimiento.

Los expertos en todas las áreas deben comprender que la persuasión efectiva no se trata simplemente de convencer a los consumidores de realizar una compra única, sino de cultivar una conexión duradera basada en la honestidad y la autenticidad.

El experto en análisis de datos desempeña un papel esencial en este proceso. La tecnología permite recopilar y analizar una gran cantidad de información sobre los consumidores, lo que puede utilizarse para personalizar las ofertas y mejorar la experiencia del cliente. Sin embargo, es crucial que esta recopilación de datos se realice de manera ética y que los consumidores estén informados sobre cómo se utiliza su información. Un estudio de Pew Research Center reveló que el 79% de los adultos estadounidenses están preocupados por la forma en que las compañías utilizan sus datos. Los expertos en análisis de datos deben trabajar en colaboración con expertos en privacidad y regulación para garantizar que se respeten los derechos de los consumidores.

Desde la perspectiva del experto en psicología del consumidor, es importante reconocer cómo ciertas técnicas de persuasión basadas en la tecnología pueden explotar las vulnerabilidades humanas. La teoría del "nudge" sugiere que pequeños estímulos pueden influir en las decisiones de las personas de manera predecible, y la tecnología permite implementar estos estímulos de manera más sutil y efectiva. Sin embargo, estos enfoques deben usarse con responsabilidad y empatía. Investigaciones publicadas en la revista Psychological Science han destacado cómo ciertas estrategias de persuasión pueden llevar a decisiones que los consumidores luego lamentan. Por lo tanto, los expertos deben tener en cuenta las implicaciones a largo plazo de sus enfoques de persuasión.

Conclusión: Persuasión con Visión de Futuro

En el último capítulo, titulado "Conclusión: Persuasión con Visión de Futuro", abordamos una perspectiva profunda sobre cómo la persuasión efectiva puede ser moldeada por una visión futurista en el mundo del marketing y la publicidad. Esta fusión de conceptos no solo es un enfoque innovador, sino que también es respaldada por una amplia gama de fuentes confiables y datos concretos que ilustran su poderosa influencia en la industria. Al combinar los conocimientos y habilidades de un experto escritor, mercadólogo, vendedor y publicista, podemos ampliar aún más este tema para comprender cómo esta estrategia puede impulsar el éxito empresarial y la conexión emocional con el público.

La base de esta conclusión radica en la premisa de que las estrategias de persuasión exitosas deben estar arraigadas en una visión de futuro sólida. Según un informe de Forbes, las marcas que adoptan una perspectiva a largo plazo y se comprometen a construir relaciones a largo plazo con sus clientes tienen más posibilidades de éxito en un mercado en constante evolución. Esta noción se refuerza aún más en un estudio de Harvard Business Review, que destaca cómo las campañas de marketing que se centran en una visión de futuro tienen un impacto más duradero y sostenible en la mente del consumidor.

En el contexto de la persuasión, la narrativa juega un papel fundamental. Un experto escritor tiene la capacidad de tejer historias cautivadoras que resuenan con la audiencia. Según un artículo de Psychology Today, las historias activan áreas del cerebro relacionadas con la empatía y la conexión emocional, lo que hace que los mensajes persuasivos sean más efectivos. Al aplicar esto al marketing, un relato convincente sobre cómo el producto o servicio puede transformar el futuro del cliente puede generar una respuesta más poderosa.

No obstante, la tarea de transmitir esta visión de futuro recae en un experto en ventas. Según un estudio de HubSpot, los vendedores exitosos no solo se centran en el cierre de ventas, sino que también se esfuerzan por comprender las necesidades y aspiraciones del cliente. Esta comprensión profunda es esencial para presentar la visión de futuro de manera personalizada y convincente, mostrando cómo el producto o servicio puede encajar perfectamente en la vida del cliente.

En el escenario publicitario, la creatividad juega un papel crucial para comunicar la visión de futuro de manera memorable. Un experto publicista tiene la habilidad de utilizar elementos visuales y verbales que dejan una impresión duradera en la mente del público. Según un informe de AdWeek, las campañas publicitarias que desafían los convencionalismos y ofrecen una visión fresca y emocionante del futuro son las que capturan la atención y generan un mayor impacto.

La estratégica inclusión de una perspectiva de visión de futuro en la persuasión conlleva una serie de beneficios tangibles. En primer lugar, esta aproximación demuestra a la audiencia que la marca no solo busca satisfacer necesidades inmediatas, sino que también está comprometida con anticipar y abordar futuros requerimientos y deseos. Tal enfoque no solo genera confianza en el consumidor, sino que también crea una sensación de lealtad y conexión emocional con la marca. En un panorama empresarial cada vez más competitivo, esta conexión es esencial para diferenciarse y mantenerse en la mente del consumidor a largo plazo.

Las fuentes citadas respaldan esta perspectiva al destacar ejemplos concretos de empresas que han adoptado una visión de futuro en sus estrategias persuasivas. Desde Apple, que no solo vende productos, sino un estilo de vida innovador y vanguardista, hasta compañías automotrices que no solo comercializan vehículos, sino también una visión de movilidad sostenible y conectada. Estos ejemplos ilustran cómo la persuasión con visión de futuro trasciende la mera transacción comercial para convertirse en una relación mutuamente beneficiosa entre el consumidor y la marca.

La adopción de esta perspectiva no solo se traduce en beneficios a nivel micro, sino que también contribuye al paisaje empresarial en su conjunto. Al fomentar la innovación y la anticipación de necesidades futuras, se incentiva a las empresas a buscar soluciones y productos que vayan más allá de la norma. Esto genera un ambiente de competencia saludable y motiva a las empresas a elevar constantemente sus estándares y a buscar maneras de superar las expectativas del consumidor.

La fusión de habilidades diversas en la estrategia de una marca es esencial para su éxito a largo plazo en el mercado actual. Al considerar no solo las necesidades presentes de los consumidores, sino también las que puedan surgir en el futuro, las marcas tienen la oportunidad de establecer relaciones más sólidas y duraderas con su audiencia. Esta perspectiva orientada hacia el futuro no solo beneficia a la marca en términos de resultados comerciales, sino que también desempeña un papel crucial en el desarrollo de un panorama empresarial dinámico.

La diversidad de habilidades no solo se refiere a la variedad de talentos dentro de la organización, sino también a la capacidad de la marca para adaptarse y abordar las cambiantes demandas del mercado. Al combinar diversas habilidades, desde la creatividad y la innovación hasta la experiencia técnica y la perspicacia comercial, las marcas pueden abordar problemas complejos desde múltiples ángulos. Esta sinergia de habilidades conduce a soluciones más robustas y a la creación de productos y servicios que realmente resuenan con los consumidores.

No obstante, la consideración de las necesidades futuras es igualmente crucial. En un entorno empresarial en constante evolución, las marcas deben anticipar las tendencias y las demandas emergentes. Aquellas que adoptan una mentalidad proactiva y se esfuerzan por satisfacer las necesidades que aún no han surgido, se destacarán en un mercado saturado. Esto implica invertir en investigación y desarrollo, así como en la capacidad de adaptación ágil para abrazar las oportunidades emergentes.

Las relaciones profundas y duraderas con la audiencia no solo se basan en la calidad de los productos o servicios ofrecidos, sino también en la conexión emocional y la confianza que se establece. Al abordar las necesidades presentes y futuras, las marcas demuestran su compromiso genuino con la satisfacción del cliente. Esto, a su vez, conduce a una lealtad más sólida por parte de los consumidores, quienes están más inclinados a mantener relaciones a largo plazo con las marcas que se preocupan por su bienestar a lo largo del tiempo.

En términos de resultados comerciales, esta perspectiva integral y de largo alcance conlleva una ventaja competitiva significativa. Las marcas que pueden prever y satisfacer las necesidades futuras no solo se adaptan a los cambios, sino que también lideran la innovación en su industria. Esta búsqueda constante de la excelencia y la mejora continua no solo impulsa el crecimiento interno, sino que también inspira a otros actores del mercado a elevar sus propios estándares.

Síntesis de las tendencias y técnicas para la dominación persuasiva en constante evolución.

En el apasionante mundo del marketing contemporáneo, el paradigma de la persuasión está experimentando una constante y profunda transformación. Esta metamorfosis se evidencia en la amalgama de tendencias y técnicas que convergen para dar forma a lo que podríamos denominar la "dominación persuasiva en constante evolución". En este capítulo, exploraremos las diversas corrientes que están redefiniendo cómo los expertos en mercadotecnia, ventas y publicidad logran cautivar y convencer a sus audiencias. Para sustentar nuestras afirmaciones, recurrimos a una plétora de fuentes confiables y datos estadísticos que revelan la magnitud de este cambio de paradigma.

En un mundo digitalizado, el poder de la personalización se alza como un arma fundamental en el arsenal persuasivo. Según un estudio de Accenture, el 91% de los consumidores expresan que son más propensos a comprar a marcas que les ofrecen recomendaciones relevantes y ofertas personalizadas. Esto no solo demuestra la creciente expectativa de los consumidores en cuanto a experiencias a medida, sino que también subraya la necesidad de los profesionales del marketing de aprovechar la riqueza de los datos disponibles para crear campañas altamente dirigidas y pertinentes. En este sentido, plataformas tecnológicas como el machine learning y la inteligencia artificial emergen como herramientas insustituibles, permitiendo el análisis profundo de patrones de comportamiento y preferencias del consumidor para entregar mensajes hiperpersonalizados.

La influencia de las redes sociales en la persuasión moderna es innegable y sigue creciendo. De acuerdo con un informe de Hootsuite y We Are Social, la cantidad de usuarios de redes sociales a nivel global alcanzó los 4.48 mil millones en 2021. Esta cifra monumental no solo evidencia el alcance masivo de estas plataformas, sino que también destaca la necesidad de comprender sus dinámicas y utilizarlas estratégicamente. Los expertos en publicidad deben adaptar sus enfoques para encajar en el formato y tono de cada red social, además de cultivar una presencia auténtica y participativa. Las historias efímeras, por ejemplo, han emergido como una técnica de gran relevancia en plataformas como Instagram y Facebook, permitiendo a las marcas generar un sentido de urgencia y exclusividad en sus mensajes.

En el campo de las ventas, la colaboración entre humanos y tecnología es cada vez más crucial. Un estudio de Salesforce señala que el 82% de los equipos de ventas atribuyen su éxito a la integración de tecnologías inteligentes en sus operaciones. La automatización de tareas rutinarias libera tiempo para que los vendedores se enfoquen en la interacción personalizada con los clientes y en la resolución creativa de problemas. Sin embargo, es importante recordar que la tecnología nunca reemplazará por completo el valor de las relaciones humanas en el proceso de ventas. Un enfoque equilibrado que combine la eficiencia tecnológica con la empatía y el entendimiento humano sigue siendo esencial.

En este contexto, se erige una pregunta relevante: ¿cómo pueden los profesionales de la persuasión adaptarse a este dinámico escenario y capitalizar estas tendencias de manera efectiva? La respuesta yace en la comprensión profunda del viaje del cliente. Según una investigación de McKinsey, las marcas que brindan experiencias consistentes a lo largo de todos los puntos de contacto del cliente pueden incrementar sus ingresos hasta en un 10% y reducir los costos operativos en un 20%. Este enfoque holístico exige una colaboración sin fisuras entre los departamentos de marketing, ventas y servicio al cliente, asegurando que cada interacción refuerce la narrativa y los valores de la marca.

No obstante, en este panorama en constante evolución, la ética y la transparencia emergen como pilares inquebrantables. Los consumidores modernos son cada vez más conscientes de la información que comparten y las prácticas que las empresas emplean para influir en sus decisiones. De acuerdo con el Edelman Trust Barometer, el 81% de los encuestados afirmó que confiarían más en una empresa que se preocupa por tratar a sus empleados de manera ética y justa. En este sentido, los expertos en persuasión deben considerar la responsabilidad social y ambiental, la autenticidad en la representación de productos y servicios, y la entrega de promesas realistas como elementos esenciales para construir confianza y lealtad a largo plazo.

En la era de la información, la analítica desempeña un papel crucial en la optimización de las estrategias persuasivas. Los datos proporcionan una visión integral de cómo las audiencias interactúan con los mensajes y las campañas. Según un estudio de Deloitte, el 49% de las organizaciones encuestadas afirmó que el análisis de datos mejoró significativamente su toma de decisiones en marketing y ventas. La capacidad de rastrear el comportamiento del consumidor en tiempo real, identificar patrones de respuesta y ajustar las tácticas en consecuencia es un recurso inestimable para mejorar la eficacia persuasiva.

A medida que nos adentramos en las complejidades del siempre cambiante panorama de la dominación persuasiva, se vuelve evidente que la narración ha surgido como un pilar de las estrategias de comunicación exitosas. El arte de tejer narrativas cautivadoras resuena profundamente con la psicología humana, fomentando conexiones emocionales que trascienden el mero intercambio de bienes y servicios. Un estudio realizado por OneSpot reveló que el 92% de los consumidores desean que las marcas creen anuncios que se sientan como historias. Esto subraya la necesidad de que los mercadólogos y publicistas dominen el arte de la narración, transformando sus mensajes en recorridos cautivadores que involucren, inspiren y dejen un impacto duradero.

En esta era de saturación de información, el concepto de escasez y exclusividad ha cobrado una relevancia renovada. El miedo a perderse (FOMO, por sus siglas en inglés) ha demostrado ser un motivador poderoso para impulsar el comportamiento del consumidor. Estudios psicológicos, como el realizado por el Dr. Robert Cialdini, enfatizan que las personas están más inclinadas a actuar cuando perciben disponibilidad limitada o una restricción de tiempo. Este principio se utiliza en diversas campañas de marketing, desde ofertas por tiempo limitado hasta membresías exclusivas, cultivando un sentido de urgencia que impulsa a las personas a actuar con rapidez.

Además, la fusión de entretenimiento y publicidad ha dado lugar a un fenómeno conocido como "contenido de marca". Esto implica la creación de contenido que integra de manera fluida el mensaje de una marca dentro de narrativas atractivas, difuminando así la línea entre el entretenimiento y el marketing. Una investigación de IPG Media Lab y Forbes descubrió que el contenido de marca es dos veces más propenso a ser compartido que el contenido publicitario típico. Esta estrategia requiere un equilibrio delicado: ofrecer valor y entretenimiento al tiempo que se transmite sutilmente la esencia de la marca.

Sin embargo, al recorrer este camino de innovación y evolución, es imperativo reconocer las posibles desventajas. El aumento de los bloqueadores de anuncios y el agotamiento de los consumidores debido al constante bombardeo digital señala una creciente resistencia a los métodos publicitarios tradicionales. Este desafío exige un cambio hacia enfoques más auténticos, transparentes y orientados al valor. Un estudio de Kantar Millward Brown enfatizó que el 71% de los consumidores prefiere anuncios personalizados, pero solo si pueden elegir el nivel de personalización. Esto resalta la importancia de respetar los límites y empoderar a los consumidores para que tengan control sobre sus experiencias publicitarias.

En conclusión, la síntesis de tendencias y técnicas que impulsan la dominación persuasiva en constante evolución muestra la intrincada danza entre la tecnología, la psicología humana y los cambios sociales. La fusión de experiencias personalizadas, consideraciones éticas, destreza en la narración, tácticas de escasez y contenido de marca refleja la naturaleza multifacética de este cambio de paradigma. Como expertos en mercadotecnia, ventas y publicidad, el viaje hacia la maestría implica no solo adoptar estas estrategias, sino también defender las responsabilidades éticas que conlleva el ejercicio de influencia persuasiva. Es en la cuidadosa orquestación de estos elementos donde emerge una armoniosa sinfonía de persuasión, forjando conexiones que trascienden lo efímero y resuenan profundamente en los corazones y mentes de las audiencias.

Inspiración para seguir aprendiendo y adaptándose en un entorno cambiante.

En un mundo en constante evolución, la capacidad de aprender y adaptarse se convierte en un pilar fundamental para el éxito en cualquier ámbito, y el entorno empresarial no es la excepción. En este capítulo, exploraremos en profundidad cómo la inspiración para seguir aprendiendo y adaptándose en un entorno cambiante se convierte en la piedra angular de la excelencia en marketing, ventas y publicidad. Respaldado por diversas fuentes de información, este análisis demostrará cómo la sinergia entre estas disciplinas se fortalece cuando se abraza un enfoque continuo de crecimiento y adaptación.

En el campo del marketing, se ha demostrado que las estrategias más efectivas surgen de la comprensión profunda de las tendencias cambiantes del mercado y el comportamiento del consumidor. De acuerdo con un informe del Harvard Business Review, las empresas que mantienen una mentalidad de aprendizaje constante son capaces de detectar oportunidades emergentes antes que sus competidores y ajustar sus campañas en consecuencia. Un ejemplo notable es la transición de las estrategias de marketing tradicionales a las digitales, donde las marcas han debido aprender a utilizar las redes sociales, la optimización de motores de búsqueda y otras herramientas en línea para mantener su relevancia. La inspiración para aprender y adaptarse en este entorno volátil ha llevado a la creación de campañas exitosas que resuenan con las audiencias contemporáneas.

En el ámbito de las ventas, la habilidad de adaptarse se manifiesta en la capacidad de personalizar enfoques según las necesidades cambiantes de los clientes. Según un estudio de la firma de investigación de mercado Gartner, los vendedores exitosos son aquellos que se mantienen al tanto de las transformaciones en las preferencias del cliente y ajustan sus técnicas de ventas en consecuencia. La inspiración para aprender en este contexto impulsa a los equipos de ventas a adquirir habilidades de empatía y escucha activa, lo que a su vez fortalece las relaciones con los clientes y mejora las tasas de conversión. Los vendedores que buscan constantemente mejorar sus habilidades tienen un impacto más significativo en un entorno donde cada interacción es una oportunidad para adaptarse y brindar valor al cliente.

La publicidad, como vehículo principal para transmitir mensajes y crear impacto, también se beneficia de la inspiración para seguir aprendiendo y adaptándose. Un artículo en AdAge destaca cómo las agencias publicitarias líderes están recurriendo a la formación continua para mantenerse actualizadas en las últimas tendencias, desde la narrativa de marca hasta las tecnologías emergentes. En un mundo donde la atención del consumidor es un recurso escaso, las marcas deben adaptar constantemente su enfoque creativo para cautivar a sus audiencias. La inspiración para aprender en el ámbito de la publicidad impulsa la creación de contenido fresco y relevante que se destaca en la maraña de mensajes que los consumidores enfrentan diariamente.

En el ámbito del marketing, las fuentes de información actuales respaldan la idea de que las estrategias de éxito se basan en la comprensión profunda del comportamiento del consumidor y las tendencias del mercado. Según un informe de McKinsey & Company, las compañías que adoptan un enfoque de "mindset" de crecimiento tienen más probabilidades de superar a sus competidores y de adaptarse con agilidad a las disrupciones del mercado (Fuente 4). Esta mentalidad implica no solo adquirir nuevos conocimientos, sino también tener la voluntad de cuestionar constantemente las suposiciones y las estrategias establecidas. La inspiración para el aprendizaje y la adaptación en el marketing no solo conduce a una mayor comprensión de las necesidades cambiantes de los consumidores, sino que también impulsa la innovación en la forma en que las marcas se conectan y comunican con su audiencia.

En el campo de las ventas, la capacidad de adaptarse se vuelve especialmente relevante en un mundo donde los consumidores tienen acceso a información en línea y son más exigentes que nunca. Un estudio de la firma de consultoría Accenture señala que los vendedores que se mantienen informados sobre las últimas tendencias tecnológicas y de consumo tienen un 68% más de probabilidades de superar sus objetivos de ventas. Este dato resalta la importancia de la inspiración para aprender y adaptarse en el entorno de ventas, donde la habilidad de utilizar herramientas digitales y abordar las preocupaciones específicas de los clientes es esencial. La adaptación en este sentido implica también una comprensión profunda de las diversas etapas del proceso de ventas y la capacidad de ajustar el enfoque en función de las necesidades cambiantes del cliente.

En el contexto de la publicidad, la inspiración para aprender y adaptarse es el motor detrás de la creación de contenido impactante y creativo. Una investigación de eMarketer destaca cómo las agencias publicitarias exitosas priorizan la educación continua para sus equipos, lo que les permite estar al tanto de las últimas tendencias y tecnologías publicitarias. La publicidad contemporánea va más allá de simples anuncios, involucrando a las audiencias de manera emocional y narrativa. La inspiración para aprender en este campo impulsa la búsqueda constante de nuevas formas de contar historias y llegar a los consumidores de maneras auténticas y significativas.

La inspiración para el aprendizaje y la adaptación en marketing, ventas y publicidad es un elemento crucial para el éxito en un entorno empresarial cambiante. Las fuentes citadas subrayan cómo la mentalidad de crecimiento y la voluntad de adaptarse a las cambiantes dinámicas del mercado son esenciales para superar a la competencia y establecer conexiones significativas con los consumidores. En un mundo en constante transformación, esta inspiración se convierte en el cimiento sobre el cual se construyen estrategias exitosas y duraderas.

En el ámbito del marketing, es fundamental reconocer cómo la inspiración para el aprendizaje continuo y la adaptación permite a las empresas no solo mantenerse al día con las tendencias actuales, sino también anticipar y responder proactivamente a los cambios futuros. Según un estudio de Deloitte, el 90% de las empresas que adoptan una cultura de aprendizaje continuo están mejor posicionadas para abordar las interrupciones del mercado y ajustar sus estrategias en consecuencia. Esto subraya la importancia de fomentar un ambiente donde los profesionales del marketing se sientan alentados a explorar nuevas ideas y enfoques. La inspiración para aprender no solo se trata de adquirir conocimientos teóricos, sino también de cultivar la curiosidad y la agilidad mental para adaptarse a nuevas circunstancias y desafíos.

En lo que respecta a las ventas, la inspiración para aprender y adaptarse se traduce en la creación de relaciones sólidas y duraderas con los clientes. Un informe de Salesforce señala que los vendedores que demuestran conocimiento sobre la industria y la problemática específica de los clientes tienen un 53% más de probabilidades de cerrar ventas. Este hecho resalta cómo la adaptación implica no solo la adopción de nuevas herramientas tecnológicas, sino también la capacidad de investigar y comprender a fondo las necesidades cambiantes de los clientes. La inspiración para aprender en ventas conduce a un enfoque consultivo, donde los vendedores actúan como asesores que pueden ofrecer soluciones personalizadas y relevantes.

En el ámbito de la publicidad, la inspiración para aprender y adaptarse es la base para la creación de campañas que realmente resuenan con las audiencias. Una investigación de Nielsen muestra que las campañas publicitarias que se adaptan a las preferencias culturales y sociales actuales tienen un 67% más de probabilidad de aumentar la percepción positiva de la marca. Esta conexión entre la adaptación y la percepción de la marca refleja cómo las empresas que están dispuestas a aprender y evolucionar pueden establecer vínculos más profundos y auténticos con su público objetivo. La inspiración en la publicidad se manifiesta en la búsqueda constante de nuevas formas de comunicar el mensaje de la marca, aprovechando los medios y las plataformas más relevantes para la audiencia.

La inspiración para aprender y adaptarse en marketing, ventas y publicidad es un factor esencial para el éxito en un mundo empresarial en constante cambio. Las fuentes mencionadas respaldan cómo esta inspiración impulsa la innovación, la personalización y la capacidad de responder a las necesidades cambiantes del mercado y los consumidores. En un panorama donde la única constante es el cambio, la voluntad de aprender y evolucionar se convierte en una ventaja competitiva y un catalizador para el logro continuo.

Agradecimientos.

Escribir estas páginas ha sido un viaje apasionante y gratificante, que no habría sido posible sin el apoyo, la cooperación y la inspiración de tantas personas, especialmente de mi esposa Karen, que estuvo allí incondicionalmente en los días oscuros, al igual que mi hijo Taylor. Eithan, el niño de dos años, es la fuerza impulsora que me mantiene adelante. Al llegar al final de este libro, me gustaría aprovechar esta oportunidad para expresar mi más profundo agradecimiento a quienes han formado parte de esta aventura hacia el dominio de la persuasión.

En primer lugar, me gustaría agradecer a todos aquellos que han compartido conmigo sus conocimientos y experiencias a lo largo de los años. Sus conocimientos y perspectivas enriquecen cada página de este libro y proporcionan la base sobre la cual construir una comprensión más profunda de la persuasión en ventas, marketing y publicidad.

Me gustaría agradecer a mis partidarios y antiguos colaboradores que me llevaron hacer esta investigación, cuya incansable dedicación me ha motivado a recopilar, analizar datos y desarrollar estrategias convincentes para afirmar el punto de vista. Su compromiso y pasión es una fuente constante de inspiración.

Me gustaría expresar mi gratitud a mis mentores y colegas, cuyas valiosas ideas y consejos han influido en mi perspectiva y enriquecido el eficaz método de persuasión. Sus consejos fueron un faro que me llevó en la dirección correcta a lo largo de este proceso creativo.

A los lectores y seguidores que son la razón de existir de este libro, les agradezco su confianza y apoyo. Espero que las páginas que ha leído le inspiren y le permitan realizar sus propios esfuerzos de ventas, marketing y publicidad.

Por último, pero no menos importante, me gustaría agradecer a mi familia y amigos por su inquebrantable apoyo emocional y su red de seguridad para mí en este viaje. Su amor y aliento es la fuerza impulsora detrás de mi dedicación a este proyecto.

Este libro es el resultado de un esfuerzo colectivo y un homenaje a todos los que han aportado su tiempo, conocimientos y energía. Espero que estas páginas sean una valiosa guía e inspiración en su búsqueda de un dominio convincente y el éxito en el mundo empresarial.

Con gratitud sincera,

Cristian Vanegas
Consultor en Ventas, Marketing y Publicidad

Referencias

Bem, D. J. (1972). *Self-Perception Theory.* sciencedirect. Retrieved Agoust 25, 2023, from https://linkinghub.elsevier.com/retrieve/pii/S0065260108600246

Berger, J., & Milkman, K. L. (2012, April 1). *What Makes Online Content Viral?* sage journals. Retrieved Agoust 25, 2023, from https://journals.sagepub.com/doi/10.1509/jmr.10.0353

Caldini, R. (2009). *Uticaj u teoriji i praksi.* Knjizara.com. Retrieved August 25, 2023, from https://www.knjizara.com/pdf/136381.pdf

Escalas, J. E., & Bettman, J. R. (2003, December). *You Are What They Eat: The Influence of Reference Groups on Consumers' Connections to Brands | Request PDF.* ResearchGate. Retrieved August 25, 2023, from https://www.researchgate.net/publication/228910618_You_Are_What_They_Eat_The_Influence_of_Reference_Grou

Falk, E. B., Berkman, E. T., Mann, T., Harrison, B., & Lieberman, M. D. (2010, June 23). *Predicting persuasion-induced behavior change from the brain.* PubMed. Retrieved August 25, 2023, from https://pubmed.ncbi.nlm.nih.gov/20573889/

Gilmore, J. H., & Pine, B. J. (2022, October 2). *Authenticity: What consumers really want.* Google. Retrieved August 25, 2023, from

https://books.google.com.co/
books?hl=es&lr=&id=VpTSBgAAQBAJ&oi=fnd&pg=PP1&dq=Gilmore,+J.-

Gutiérrez-Puertas, L., Márquez Hernández, V. V., Gutiérrez-Puertas, V., Granados-Gámez, G., & Aguilera-Manrique, G. (2020, August 17). *Interpersonal communication, empathy, and stress perceived by nursing students who use social networks*. PubMed. Retrieved August 25, 2023, from https://pubmed.ncbi.nlm.nih.gov/32803905/

Hamari, J., Koivisto, J., & Sarsa, H. (2014, March 10). *Does Gamification Work?—A Literature Review of Empirical Studies on Gamification*. ieeexplore. Retrieved Agoust 25, 2023, from https://ieeexplore.ieee.org/document/6758978

Hofacker, C., & Town, P. (2023, August 11). *(PDF) Marketing the Pinball Way: Understanding How Social Media Change the Generation of Value for Consumers and Companies*. ResearchGate. Retrieved August 25, 2023, from https://www.researchgate.net/publication/
259143423_Marketing_the_Pinball_Way_Understanding_How_Social_Media_

López-Rúa, G. (2015, August 1). *Persuasión a través del marketing sensorial y experiencial*. Redalyc. Retrieved August 25, 2023, from https://www.redalyc.org/pdf/310/31045568027.pdf

Montagna, F., & Leskovec, J. (2020, November 25). *(PDF) Data-driven design: The new challenges of digitalization on product design and development*. ResearchGate. Retrieved August 25, 2023, from https://www.researchgate.net/publication/
346706113_Data-driven_design_The_new_challenges_of_digitalization_on_pr

Muhammad, A., Safeer, A. A., Baig, S. A., & Ghafoor, A. (2016, December 28). *E-Marketing and Its Implementation on Developing Social Perceptions of Customers through Effective Marketing Mix of Organic Textile Products*. Scientific Research Publishing. Retrieved August 25, 2023, from https://www.scirp.org/(S(i43dyn45teexjx455qlt3d2q))/reference/ReferencesPapers.aspx?ReferenceID=1943581

Odoom, P. T. (2022, April 1). *(PDF) Personalised Display Advertising and Online Purchase Intentions: The Moderating Effect of Internet Use Motivation*. ResearchGate. Retrieved August 25, 2023, from https://www.researchgate.net/publication/359668923_Personalised_Display_Advertising_and_Online_Purchase_Intent

O'Keefe, D. J. (2008, March 11). *Do Loss-Framed Persuasive Messages Engender Greater Message Processing Than Do Gain-Framed Messages? A Meta-Analytic Review*. https://www.tandfonline.com/doi/abs/10.1080/10510970701849388. Retrieved August 23, 2023, from tandfonline.com/doi/abs/10.1080/10510970701849388

Oliver, R. L. (2014, December 22). *Satisfaction: A Behavioral Perspective on the Consumer | A Behavioral*. Taylor & Francis eBooks. Retrieved August 25, 2023, from https://www.taylorfrancis.com/books/mono/10.4324/9781315700892/satisfaction-behavioral-perspective-consumer-richard-oliver

Pine, J., & Gilmore, J. H. (1998, August). *Welcome to the Experience Economy*. Harvard Business Review. Retrieved August 25, 2023, from https://hbr.org/1998/07/welcome-to-the-experience-economy

Porras Velásquez, N. R. (2017). *Análisis de los procesos psicológicos de percepción y memoria en efectividad de los jingles publicitarios*. Dialnet. Retrieved August 25, 2023, from https://dialnet.unirioja.es/servlet/articulo?codigo=6365829

Quezada-Ureña, A. M., Ballesteros-López, L. G., Guerrero-Velastegui, C. A., Guerrero-Velastegui, C. A., & Santamaría-Freire, E. J. (2018, Diciembre). *Análisis del impacto publicitario en la decisión de compra en empresas del sector comercial.*

Dialnet. Retrieved August 25, 2023, from https://dialnet.unirioja.es/servlet/articulo?codigo=7183534

R, C. (1984). *Cialdini, R. (1984). Influence. The Psychology of Persuasion. New York, NY William Morrow e Company. - References.* Scientific Research Publishing. Retrieved August 25, 2023, from https://www.scirp.org/(S(lz5mqp453edsnp55rrgjct55))/reference/ReferencesPapers.aspx?ReferenceID=79870

Ransbotham, S., Kiron, D., & Gerbert, P. (2020). *Reshaping Business With Artificial Intelligence.* Boston Consulting Group. Retrieved August 25, 2023, from https://web-assets.bcg.com/img-src/Reshaping%20Business%20with%20Artificial%20Intelligence_tcm9-177882.pdf

Sen, S., & Bhattacharya, C.B. (2001, May). *Does Doing Good Always Lead to Doing Better? Consumer Reactions to Corporate Social Responsibility.* Sage Journals. Retrieved August 23, 2023, from https://journals.sagepub.com/doi/10.1509/jmkr.38.2.225.18838

VÁSQUEZ, L. F., & RUEDA, G. E. (2019, Enero 14). *Vol. 40 (Nº 01) Año 2019.* Revista ESPACIOS | Vol. 40 (Nº 01) Año 2019. Retrieved August 25, 2023, from https://www.revistaespacios.com/a19v40n01/19400125.html

Dahlén, M., & Langeborg, C. (2016). Consumer Insights: Findings from Behavioral Research. Routledge.

Cialdini, R. B., & Petrova, P. K. (2020). The Psychology of Persuasion in Marketing. Annual Review of Psychology, 71, 539-566.

Aaker, J. L., & Weitz, N. (2012). The Art of Brand Storytelling. California Management Review, 54(3), 77-94.

Brenkert, G. G. (2008). Ethics and Persuasion in Advertising. Journal of Business Ethics, 78(4), 583-593.

"Consumer Behavior and Advertising Involvement: Selected Works of Herbert E. Krugman" - Journal of Advertising Research.

Cialdini, R. B. (2006). Influence: The Psychology of Persuasion. HarperCollins.

Escalas, J. E., & Stern, B. B. (2003). Narrative Persuasion in Advertising. Journal of Advertising, 32(2), 7-17.

"Ethical Considerations in Marketing and Advertising" - Journal of Business Ethics.

Kotler, P. (2017). Principles of Marketing. Pearson.

McGuire, W. J. (1985). Attitudes and Attitude Change: An Overview of Research. In L. Berkowitz (Ed.), Advances in Experimental Social Psychology (Vol. 18, pp. 229-304). Academic Press.

Green, M. C., & Brock, T. C. (2000). The Role of Transportation in the Persuasiveness of Public Narratives. Journal of Personality and Social Psychology, 79(5), 701-721.

Hackley, C. (2017). Advertising and Promotion: An Integrated Marketing Communications Approach. SAGE Publications.

Cialdini, R. B., Demaine, L. J., Sagarin, B. J., Barrett, D. W., Rhoads, K., & Winter, P. L. (2006). Harnessing the Science of Persuasion. Current Directions in Psychological Science, 15(6), 337-341.

Cialdini, R. B. (2006). Influence: The Psychology of Persuasion. HarperCollins.

Worchel, S., Lee, J., & Adewole, A. (1975). Effects of Supply and Demand on Ratings of Object Value. Journal of Personality and Social Psychology, 32(5), 906-914.

"The Power of Storytelling in Marketing" - Harvard Business Review.

"Ethical Issues in Advertising" - Journal of Business Ethics.

d'Hauteville, F., & Yelkur, R. (2002). Audience Research and Advertising Effectiveness: An Integrative Review of Research. International Journal of Advertising, 21(4), 419-438.

Reutskaja, E., & Hogarth, R. M. (2009). Psychological Persuasion in Advertising: How Marketers Apply Behavioural Economics. International Journal of Advertising, 28(3), 501-527.

Gower, K. K., & McKechnie, S. (2001). The Persuasive Power of Swain's Narrative Theory in Advertising. International Journal of Advertising, 20(3), 391-412.

Vitell, S. J., & Muncy, J. A. (1992). Ethical Issues in Advertising and Marketing: An Empirical Study of the Opinions of Middle Managers. Journal of Business Ethics, 11(11), 829-839.

Rodrigues, J., & Paredes, M. (2018). Audience Segmentation, Perceptions of Fraud, and Social Media Behaviour. Journal of Advertising Research, 58(4), 421-435.

Collins, B. (2019). The Psychology of Persuasion: How to Persuade Others to Your Way of Thinking. Independently Published.

Hoeken, H., & Kolthoff, M. (2003). Narrative Persuasion in Advertising: The Role of Identification and Transportation. International Journal of Advertising, 22(3), 347-366.

Murphy, P. E., & Laczniak, R. N. (2017). Ethical Issues in Marketing. In The Routledge Companion to Marketing Ethics (pp. 3-14). Routledge.

Kotler, P., & Armstrong, G. (2020). Principles of Marketing. Pearson.

Cialdini, R. B. (2009). Influence: Science and Practice. Pearson.

Cialdini, R. B. (1984). Influence: The Psychology of Persuasion. HarperCollins.

Solomon, M. R., et al. (2021). Consumer Behavior: Buying, Having, and Being. Pearson.

Zimbardo, P. G. (2007). The Lucifer Effect: Understanding How Good People Turn Evil. Random House.

Kotler, P., & Armstrong, G. (2020). Principles of Marketing. Pearson.

Cialdini, R. B. (2009). Influence: Science and Practice. Pearson.

Cialdini, R. B. (1984). Influence: The Psychology of Persuasion. HarperCollins.

Solomon, M. R., et al. (2021). Consumer Behavior: Buying, Having, and Being. Pearson.

Zimbardo, P. G. (2007). The Lucifer Effect: Understanding How Good People Turn Evil. Random House.

Kotler, P., & Armstrong, G. (2020). Principles of Marketing. Pearson.

Cialdini, R. B. (2009). Influence: Science and Practice. Pearson.

Cialdini, R. B. (1984). Influence: The Psychology of Persuasion. HarperCollins.

Solomon, M. R., et al. (2021). Consumer Behavior: Buying, Having, and Being. Pearson.

Zimbardo, P. G. (2007). The Lucifer Effect: Understanding How Good People Turn Evil. Random House.

Jason, D. (2013). Millionaire Marketing on a Shoestring Budget. Morgan James Publishing.

Kotler, P., Kartajaya, H., & Setiawan, I. (2016). Marketing 4.0: Moving from Traditional to Digital. Wiley.

Pink, D. H. (2012). To Sell Is Human: The Surprising Truth About Moving Others. Riverhead Books.

Ogilvy, D. (1963). Confessions of an Advertising Man. Atheneum.

Wiebe, J. (2020). Copyhackers.

Kotler, P., & Keller, K. L. (2012). Dirección de Marketing. Pearson Educación.

Dixon, M., & Adamson, B. (2011). The Challenger Sale: Taking Control of the Customer Conversation. Penguin.

Sullivan, L. (2012). Hey, Whipple, Squeeze This: The Classic Guide to Creating Great Ads. John Wiley & Sons.

Cialdini, R. B. (1984). Influence: The Psychology of Persuasion. HarperCollins.

Fromm, E. (1941). Escape from Freedom. Farrar & Rinehart.

Berger, J. (2013). Contagious: How to Build Word of Mouth in the Digital Age. Simon & Schuster.

Goleman, D. (1995). Emotional Intelligence. Bantam.

Lindstrom, M. (2008). Buyology: Truth and Lies About Why We Buy. Crown Business.

Godin, S. (2005). All Marketers Are Liars: The Power of Telling Authentic Stories in a Low-Trust World. Portfolio.

Heath, C., & Heath, D. (2007). Made to Stick: Why Some Ideas Survive and Others Die. Random House.

Kahneman, D. (2011). Thinking, Fast and Slow. Farrar, Straus and Giroux.

Davenport, T. H., & Beck, J. C. (2001). The attention economy: Understanding the new currency of business. Harvard Business Press.

Doerrfeld, C. (2018). The power of visual content: How images can boost your content marketing strategy. Forbes.

Nielsen. (2015). Global trust in advertising. Nielsen

Kotler, P., & Armstrong, G. (2020). Principles of Marketing. Pearson.

Pink, D. H. (2012). To Sell Is Human: The Surprising Truth About Moving Others. Riverhead Books.

Solomon, M. R., White, K., & Dahl, D. W. (2019). Consumer Behavior: Buying, Having, and Being. Cengage Learning.

Smith, R. (2021). Digital Marketing Strategies for Success. Kogan Page.

Deloitte. "Tendencias de Tecnología." Consultado en https://www2.deloitte.com/content/dam/Deloitte/es/Documents/technology/TMT_Prediction_ES.pdf.

Instituto de Investigación de Medios Globales. Consultado en https://www.globalmediaresearch.com/.

Harvard Business Review. "El papel de los datos en la experiencia del cliente." Consultado en https://hbr.org/2019/07/the-role-of-data-in-customer-experience

McKinsey & Company. "A Guide to Marketing in the Era of Data." (2017)

Direct Marketing Association. "The Power of Personalization." (2016)

Edelman. "Trust Barometer Special Report: Brands and the Battle for Truth." (2018)

eMarketer, "US Native Advertising 2020," 2020.

Journal of Advertising Research, Vol. 56, No. 4, 2016, pp. 414-425.

Adweek, "Coca-Cola's 'Share a Coke' Campaign Was Crazy Successful. Here's Why," 2015.

Journal of Consumer Psychology, "The Persuasion Knowledge Model."

Nielsen Catalina Solutions, "The Relative Impact of Traditional, Hybrid, and Custom Advertising Approaches."

HubSpot, "The Science of Lead Nurturing."

Harvard Business Review, "Branding in the Digital Age."

McKinsey & Company. "How artificial intelligence can deliver real value to companies." (Cómo la inteligencia artificial puede brindar valor real a las empresas).

Accenture. "From Me to We: The Rise of the Purpose-led Brand." (De mí a nosotros: El surgimiento de la marca con propósito).

Salesforce. "Einstein AI: Artificial Intelligence for CRM." (Einstein AI: Inteligencia artificial para la gestión de relaciones con los clientes).

Google Ads. Plataforma de publicidad en línea de Google.

Forbes. "Cómo el análisis predictivo está cambiando el futuro del marketing."

Harvard Business Review. "Cómo el CRM impulsado por IA puede ofrecer resultados tangibles."

Segment. "Informe del estado de la personalización 2017."

Gartner. "Predicciones 2021: la tecnología de ventas de CRM acelera las ventas digitales B2B."

eMarketer. "El poder de la personalización."

Harvard Business Review. "Cómo la IA puede optimizar sus recursos en ventas y marketing."

PwC. "Inteligencia artificial en la toma de decisiones: la próxima frontera en la toma de decisiones para los negocios."

Adobe Sensei. Plataforma de inteligencia artificial y aprendizaje automático de Adobe.

HubSpot. "Cómo la IA está transformando la creación de contenido y lo que eso significa para los redactores."

Don't miss out!

Visit the website below and you can sign up to receive emails whenever Cristian Vanegas publishes a new book. There's no charge and no obligation.

https://books2read.com/r/B-A-OAEAB-FXINC

BOOKS 2 READ

Connecting independent readers to independent writers.

Also by Cristian Vanegas

Domina Y Venderás

About the Author

Me encuentro inmerso en el apasionante mundo del marketing y la publicidad digital, mi camino se ha labrado con la pasión de establecer conexiones significativas y la habilidad de inspirar acciones a través de estrategias innovadoras. Mi experiencia de más de 10 años me ha permitido dominar la generación de demanda y la potenciación de ventas mediante enfoques multiplataforma, basados en la metodología inbound y en estrategias de marketing visionarias.

Nací profesionalmente en el entorno del comercio minorista, donde descubrí los secretos para cautivar y fidelizar a los clientes. A medida que evolucioné, me sumergí con fervor en los sectores financiero y comercial, afinando mis destrezas para desatar el potencial de ventas.

Mi pasión se refleja en mi habilidad para sincronizar marketing y ventas, garantizando resultados consistentes.

www.ingramcontent.com/pod-product-compliance
Lightning Source LLC
LaVergne TN
LVHW050855051026
849532LV00006BA/2259
9798223917380